通勤大学 図解◆速習

# 松陰の教え

ハイブロー武蔵◆著

SOGO HOREI
PUBLISHING CO., LTD

# まえがき

今、日本人が日本人でなくなろうとしている。その結果、人々は生きる指針を見出せず、社会は混迷していくばかりである。人間性を失った人たちが街をわがもの顔で歩き、私欲だけの政治家、官僚、大企業のエリート、教育者たちが弱い者を見捨て、あるいは虐げていく。

この亡国の危機の時代を救う手だてはないのか。

私はその一つが〝魂の教育家〟吉田松陰の教えを再び学び、身につけていくことではないかと考えるのである。なぜなら、吉田松陰こそが、日本人が日本人として気概と誇りを持って、そして誠実に人と社会のために尽していく生き方を示してくれていた人だったからである。

松陰前の日本は、日本人としての一体感や国民意識はなかった。士農工商などの身分差別や各藩ごとに分かれた〝くに〟でしかなかった。目の前の秩序の中に生きていくことだけが人生だった。

小室直樹氏は吉田松陰の登場を次のように紹介する。


松陰は、「皇国の皇国たる所以《ゆえん》、人倫《じんりん》の人倫たる所以」（日本とは何か、規範（倫理道徳）とは何か）を、昼も夜も、声高らかに説いて、誰も彼も、泣いて感動させたというのも右の理由に依《よ》る。

「日本とは何か、規範とは何か」ということを教えてくれる人なんか、この時代、ほとんど絶無に近かった。

この時代の教育でも、このことを教えてはいなかった。

そうすればどんなことになるのか。

「日本とは何か」を知らなければ、日本人は、日本と同一化（identification）をすることができない。

そのために、アノミーが出現して、心の拠《よ》り所を失って虚脱（心臓が弱って死ぬような）状態になる。

心理的に、これほど苦しいことはない。

ひとは、藁《わら》にもすがりつく気持ちで、何にでもすがりつくであろう。

「規範とは何か」「倫理道徳とは何か」「何をすべきであり、何をすべきでないか」

これを教えることこそ教育の根本である。

ひとは、「なにをなすべきか」が分からなくては、途方にくれる他はない。


（『歴史に観る日本の行く末』青春出版社）


このように社会がアノミー（無秩序）状態になった国は衰退、あるいは消滅していくのが人類の歴史であり、厳しい国際社会の現実である。

もし、今の日本においてもわずかでも日本人としてのよき精神が残されているとしたならば（私はそう信じている）、その多くは吉田松陰の教えが浸透していたためであろう。

そうであるならば、その教えの核心を再び日本人が学び身につけていくことが、未来の日本の希望となりうるのではないだろうか。

わずか三十年にも満たない短い人生を日本と日本人のために生き切り、魂に響く言葉と教えを後世の私たちのために残してくれた松陰だが、その教えの特徴は次のようなものである。

①すばらしい日本という国を心から愛し、国をよくしていくことに尽すこと。人は皆天皇の前に一体であり、平等であること。
②誠の生き方を身につけ、実践していくこと
③人にはそれぞれに才能があり、それを伸ばすために学ぶこと。そしてそれを社会に生かすこと。
④教育とは、人それぞれにある才能を思い出し伸ばしていくこと。
⑤書物をよく読み、思索し、そして必ず実践すること。

このような吉田松陰は、一八三〇年(天保元年)に山口、長州藩士の家に生まれ、一八五九年(安政六年)、幕府の手で処刑された。わずか二年足らずに松下村塾で教えた弟子たちが中心となって松陰の志を受け継ぎ、明治維新を推進し、成功させた。高杉晋作、伊藤博文、品川弥二郎、桂小五郎、山県有朋、久坂玄蕃、野村和作、吉田稔麿たちである。松陰の詳しい伝記として秀れているのは、古くは徳富蘇峰『吉田松陰』(岩波文庫)

であり、戦後のものとしては、奈良本辰也『吉田松陰』（岩波新書）である。最近の読みやすいものとしては、関厚夫『ひとすじの蛍火―吉田松陰 人とことば』（文春新書）がある。また、小説だが、松陰の人物像と時代背景がわかる本として司馬遼太郎『世に棲む日々』（文春文庫）がある。ぜひ参考にしてほしい。さらに手に入りやすい松陰自身の著としては『講孟劄記《こうもうさっき》』上・下（講談社学術文庫）がある。これも参照してもらいたいものである。

本書は、55の言葉を紹介しているが、このわずか55であっても、松陰の魂の教えはよく伝わるものである。それだけ、松陰の言葉には魂が込もっている。何度も読み返して、私たちの魂に響かせ、日本人としての有意義な人生に役立てていきたい。なお、図解の部分はほとんど編集担当の高麗輝章氏に作成していただいた。この場を借りてお礼申し上げる。

ハイブロー武蔵

目次

# 松陰の教え

絹本着色吉田松陰像（自賛）
山口県文書館蔵

# 人が万物の霊長である理由をよく考えよ

▼およそ生れて人たらば、宜《よろ》しく人の禽獣《きんじゅう》に異《ことな》る所以《ゆえん》を知るべし、蓋《けだ》し人には五倫《ごりん》あり、而して君臣父子《くんしんふし》を最も大なりと為《な》す。

（安政二年三月　士規七則）

およそ人としてこの世に生まれてきたのであれば、人が鳥や獣とちがう訳をよく知るべきである。すなわち人には五倫という、人として守るべき道というのがあるのだ。それは父子の親、君臣の義、夫婦の別、長幼の序、朋友の信である。その中でも君臣と父子のあり方は、最も大切なことである。

人間が大宇宙の中の地球上で社会をつくり、文化・文明を進展させ、万物の霊長とも言われるのはなぜか。どこが他の生き物とちがうのか。それは、人としての倫理・道徳を修め守っているからであるというのが孔子以来の東洋思想の考え方である。

吉田松陰もそれを教育の根本と考えた。具体的には、「五倫」の道である。親を敬うこと、天皇君主に臣下としての義を果たすこと、夫婦のそれぞれの立場を尊重すること、年上の人を敬うこと、友人間の信義を守ることである。

　これらは封建社会の守るべき道であり、そのまま現代の社会に当てはめられないけれども、倫理、道徳の存在なしには、健全な人間社会は守れないことは忘れるべきでないだろう。

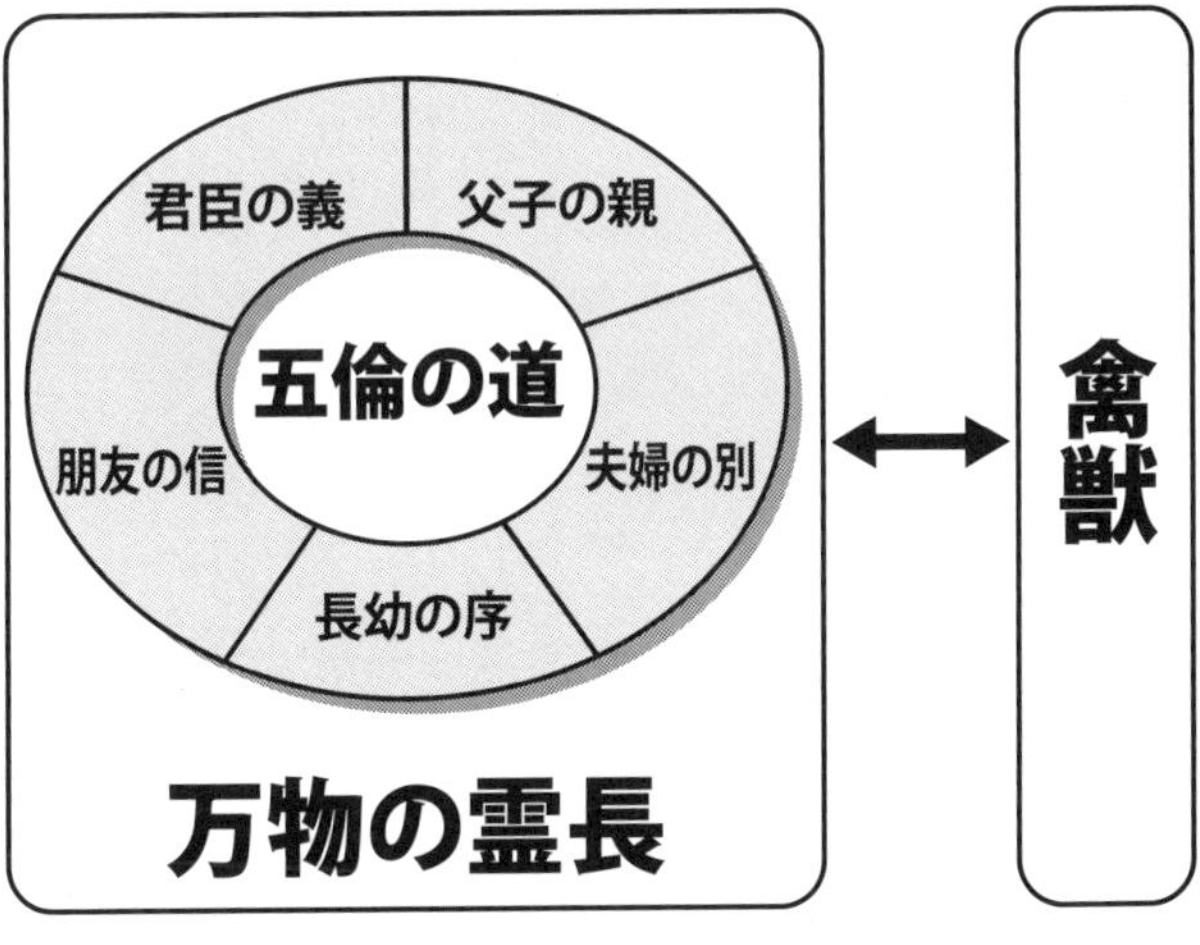

# どんな偉い人の本でももうのみにするな

▼経書《けいしょ》を読むの第一義《だいいちぎ》は、聖賢《せいけん》に阿《おも》ねらぬこと要《かなめ》なり。

（安政二年六月十八日　講孟箚記）

四書五経などの経書を読むときに第一に重要なことは孔子や孟子などの聖者・賢者にこびへつらい、すべてをうのみにしてしまわないことである。

どんなに尊敬できる人の言葉や考え方であろうとも、自分が納得できなければ意味がない。そこで吉田松陰は、聖人と言われる孔子や賢人である孟子でさえも、自分がおかしいと思えば批判せよ、という。

この松陰の文章は『孟子』を学び解説した自著、『講孟箚記』の書き出しの文であるから恐れ入る。時に、松陰二十五歳である。萩の野山獄という牢屋の中で囚人たちと勉強会を開き、孟子を講義した時の書である。この書は松陰の主著ともなったが、「孟子」を題材としつつ、自らの思想を述べまくり、孟子さえもしのぐ迫力が見られる文章も多いと評価されている。

どんな聖人・賢者にもおもねるな、こびるなと言う教えはその通りだ。ただしかし、前提としての勉強と修養が批判・評価のレベルにまで学んでいけよ、あるいはそのレベルをめざしていけよ、ということも含んでいるのである。

## すべてうのみにせず批判的に読む

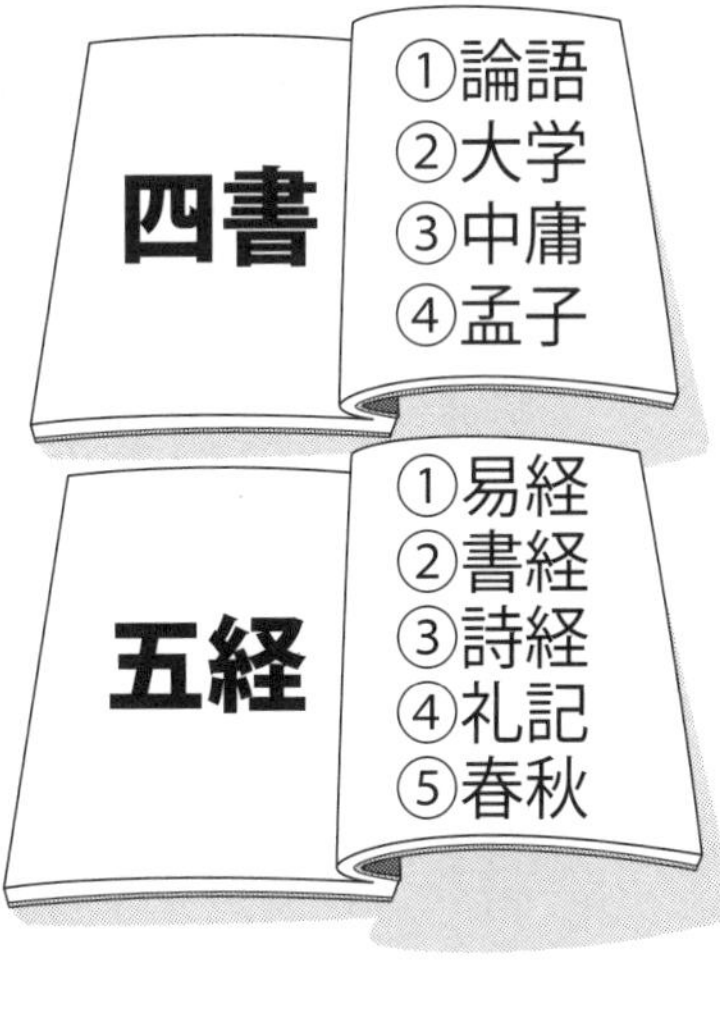

# 3 生きているかぎり毎日勉強と仕事に励め

▼およそ人一日此《こ》の世にあれば一日の食《しょく》を食《くら》ひ、一日の衣《ころも》を着、一日の家に居る。何ぞ一日の学問、一日の事業を励まざるべけんや。

（安政二年六月十八日　講孟劄記）

およそ人は一日この世に生きていれば一日分の食べ物をとり、一日分の衣服を着、一日分の家住まいをする。そうであるならば、一日分の学問、一日分の事業（仕事）に励まなければならないのは当然と言うべきであろう（人は生きているかぎりどんな状況におかれようとも毎日勉強と仕事に励まなくてはいけないのだ）。

あたりまえだけれども人の体はいつか必ず死に滅ぶ。しかし、それだけでなく、心臓は動き、物は食べ、テレビを観てはいるけれどもすでに死人と違わない人も多いのではないか。人が生きているとはどういうことなのか、と松陰は問う。

それは、精神活動を怠る人はただの物体であって、もはや人ではない。その精神活動というのは、人を思い、人のために役立つ仕事をする、そのために自分を動かせ、心を配り、よく成長するために勉強するということである。

この松陰の言葉は野山獄という、いつ刑期が終わるかわからない絶望的な状況の中で、囚人に向かって発せられたことに注意したい。人はどんな状況下でも、決して勉強や仕事を怠ってはいけないと励ますのである。

**人が生きているとは?**

▼

**人を思い、人の役に立つため**

▼ そうであるならば

**日々、学問と仕事に励むべき**

# 人は、時に、命賭けでやるべきことがある

▼かくすれば　かくなるものとしりながら、　やむにやまれぬ　やまとだましひ

（安政元年四月）

こうすればこうなるとわかっていても（赤穂浪士たちが吉良上野介にカタキをうてば切腹しなくてはならなくなる）、そうしなければならない、やむにやまれぬ大和魂というものがあるのだ。

この歌を『武士道』の中で新渡戸稲造はこう述べる。

「武士道は、無意識の抵抗できない力として、日本国民の一人一人を動かしてきた。近代日本の最も輝かしい先駆者の一人である吉田松陰が、処刑の前夜に詠んだ次の歌は、日本民族の偽りのない告白であったと言えよう。

かくすればかくなるものと知りながら　やむにやまれぬ大和魂

武士道は、形式化こそされてはいなかったが、日本国民に活力を与える精神であり、原動

力であったし、今なおそうである」（ハイブロー武蔵訳『新訳武士道』）。

ただ、この歌は実は、処刑の前日でなく、松陰がペルーの米国船に乗り込んで渡米の願いをしたのを断られた後、下田の番所に自首して捕われ、江戸の牢獄に護送されている時に詠んだものである。赤穂の義士たちが眠る泉岳寺の前を通った時の歌である。

幕末における維新の奇跡は、武士たちの正しい道を貫くという義の思想があって始めて成し遂げられた。その正しい道に向かって死を覚悟してまず行動したのが赤穂の義士と吉田松陰の渡航未遂であった。吉田松陰は山鹿素行《やまがそこう》の兵学を教える学者でもあるが、山鹿素行が幕府より追いやられて赤穂に行き、そこで日本人の義とは何かを

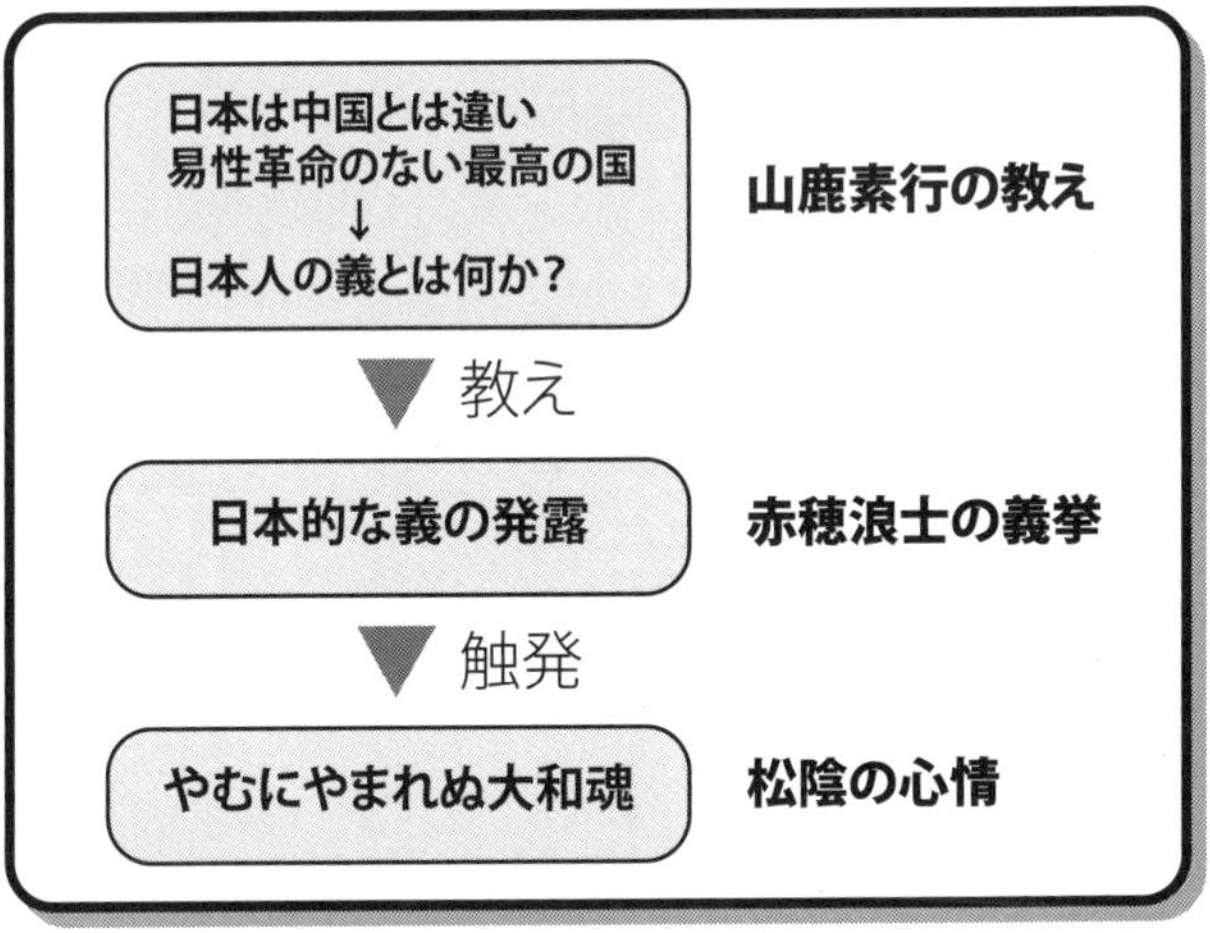

教えていたというのも因縁ではある。

　赤穂の義士の討入りと吉田松陰の義挙は、幕府の権威に恐れてばかりの武士社会に衝撃を与えた。この義挙なくして時代の変革を推し進めることはできなかったろう。

　この松陰の歌は、人は、時に、自分の命を賭してでもやらねばならないこともあり、それが変革を生むのだということを教えてくれるのである。

# 5 その人に最も思いやりができる人になれ

▼仁人は天下に敵なし。

（安政三年六月四日　講孟劄記）

仁の人、すなわち人に心からの思いやりができる最高の人格者にはこの世で敵となる者は存在しない。

『孟子』に「仁者に敵無し」（梁恵王章句上）あるいは「仁人は天下に敵に無し」（尽心章句下）とあるが、これらは吉田松陰が好んだ言葉としてもよく知られている。

仁者あるいは仁人とはどういう人なのか。これは一言で説明するのは難しい。それこそ論語で孔子が教えていること全体を身につけることができた人とでも言うしかないのかもしれない。ただ、それではあまりにも漠然としすぎるので、とりあえず、仁人とは、最高の人格者であって、人にも心からの思いやりができる人と定義しておきたい。ただし、孔子も言うように「仁者は必ず勇がある（勇者は必ずしも仁者ではない）から、ただ人のいいだけの人物とはちがう。やるべきことはどんな障害があろうとも勇をもってやりぬくのである」（憲問第十四『生きる力が身につく論語』）。

ついでに言うと、仁者は最高の徳のある人であるから、その発する言葉も必ずいい。しかし、言葉巧みな者は必ずしも徳があるわけでもない。口先だけの人間も多いから注意しなくてはいけないと孔子は教える。むしろ言葉上手すぎる者に徳のある人はいないと孔子も松陰もくり返して述べる。

こうしてみると仁の人とは、吉田松陰のように「自らを修養しつづけ、他人には愛情深く、その人に応じた励ましができ、ここぞというときの勇を持つような人のことである」と言うことができよう。

6

# 読んで、思索し、実践し、そしてまた思索し、本をまた読め

▼今の学ぶ所の四書五経《ししょごきょう》は、皆聖人《みなせいじん》の学なり。然《しか》るに善の善に至らざるは、熟《じゅく》の一字を闕《か》くなり。熟とは口にて読み、読みて熟せざれば心にて思ひ、思ひて熟せざれば行ふ。行うて又思ひ、思ひて又読む。誠に然らば善の善たること疑ひなし。

（安政三年三月二十八日　講孟箚記）

今の人たちが学んでいる四書五経は、聖人である孔子、孟子が述べた人の本性である善への道である。しかし、それにもかかわらず、善の善に達することができないのは、〝熟〟という一字を欠いているからである。〝熟〟とは、口で読み、そして読んでまだ熟さなければ心で思索することである。また思索してもまだ熟さなければ、行動することである。このように行動して、また思索し、思索してさらに読むのだ。こうして誠実に努力を重ねていけば、いつしか熟して、善の善に

達することは疑いのないことである。

四書五経とは、大学、中庸、論語、孟子をさし、五経とは易経、詩経、書経、礼記、春秋をさす。一般に四書五経を学ぶとよく言うが、中心は『論語』であり、それに『孟子』が次ぐ。

孟子は孔子の死後百年たって登場するが、孔子の教えが形がい化しつつあることを問題とし、強い論述でもって復活させ、より実践を重んじた。孟子は人の本性を善と見て、その善性を正しく育て伸ばすために学び、実践していくことを説いた。

吉田松陰は実践を重んじる人であったから孟子の教えに強く魅かれた。そして、本物の善を身につけるために、「熟」の学び方を求めた。

四書五経を口に出して読み、心でよく思索し、そして実践してみる。行動、実践したのちにもよく思索し、また読む。こうしてひたすら実践に学ぶことで真の善性を身につけていけるのだと言うのである。

論語の素読（声に出してひたすら読む）は、人の性格をつくり品性を育て、脳力をも開発すると言われている。その研究をする人たちもいる。それだけでも効果は大きいのに加え、松陰のように内容をよく思索し、実際の生活で実践してみて、反省し、またひたすら読むということになれば、確かにどれほどの効果が現れてくるのかと思ってしまう。これができる人こそ真の偉大な人となっていけるのであろう。

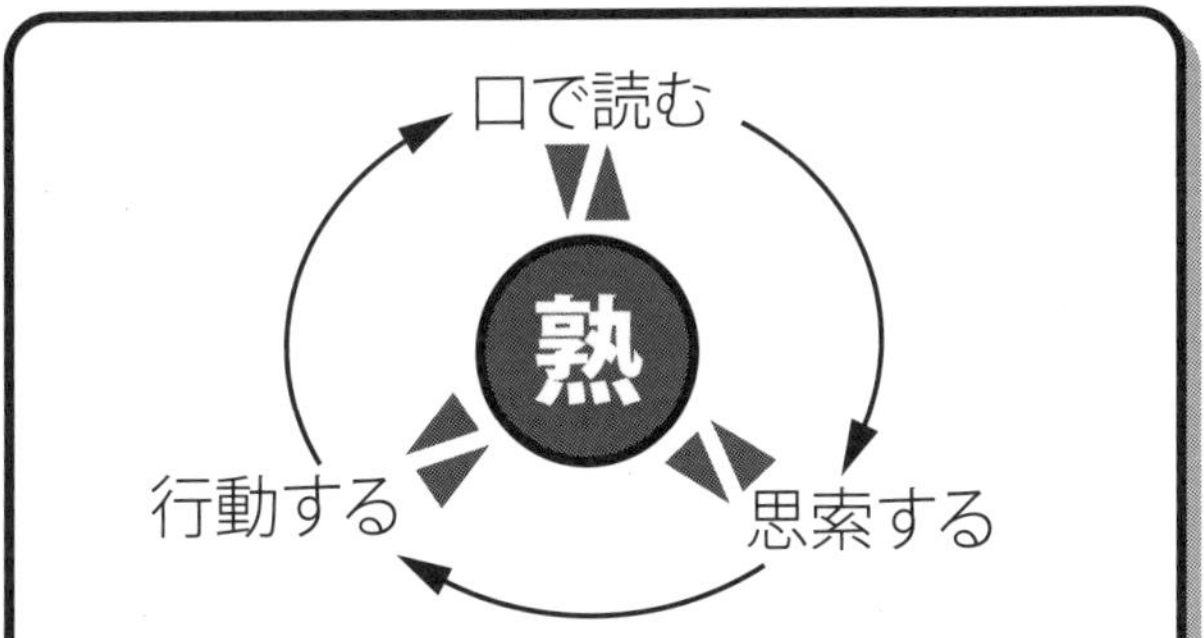

7

# 血気や怒りだけにもとづく行動は慎め

▼血氣《けっき》もっとも是《こ》れ事《こと》を害す。暴怒《ぼうど》また是れ事を害す。血氣、暴怒を粉飾《ふんしょく》する、其《そ》の害さらに甚《はなは》だし。

（安政六年二月下旬、中谷、久坂、高杉等への手紙）

血気は最も事の成就を害してしまう。怒りにまかせた暴発も同じである。しかし、もっと悪いのは、血気にはやるふりや怒りにもとづく暴発をしているようにみせかけることである。

義のための勇気にもとづく行動と血気にもとづく行動はちがうよ、と言っているのだろう。

血気とは人としての徳を欠いた若さなどの本能的な勢いや元気にまかせたことを言う。何が正しい道かなど考えずに暴発し自己満足するのである。暴怒というのも道に反することを怒るというより、怒ることに酔って怒り狂うことをさす。こうした血気や暴怒は、やらなくてはいけない事、やろうとしている大事なことを一瞬にしてダメにしてしまうことになる。

　さらに吉田松陰が注意するのは、世の中には、何も考えずに、おもしろそうだとか、自分の力にまったく自信のない者が自分の存在感を出したいがために群れてあおって喜ぶような者もいるが、こちらはもっと世の中に害を与えるということである。

　人間の弱い一面でもある。特に日本人の男性の特徴として若い時は大言壮語し元気いっぱいであるのに、年を重ねていくにつれしおれていくことも指摘できる。しかも組織のバックを持った者はなおたちが悪い。それを頼りの強がりだけである。

　孔子はおもしろいことを言う。「若い時には血気が定まらず情が激しくなって男女関係に乱れやすいので注意せよ。壮年の時

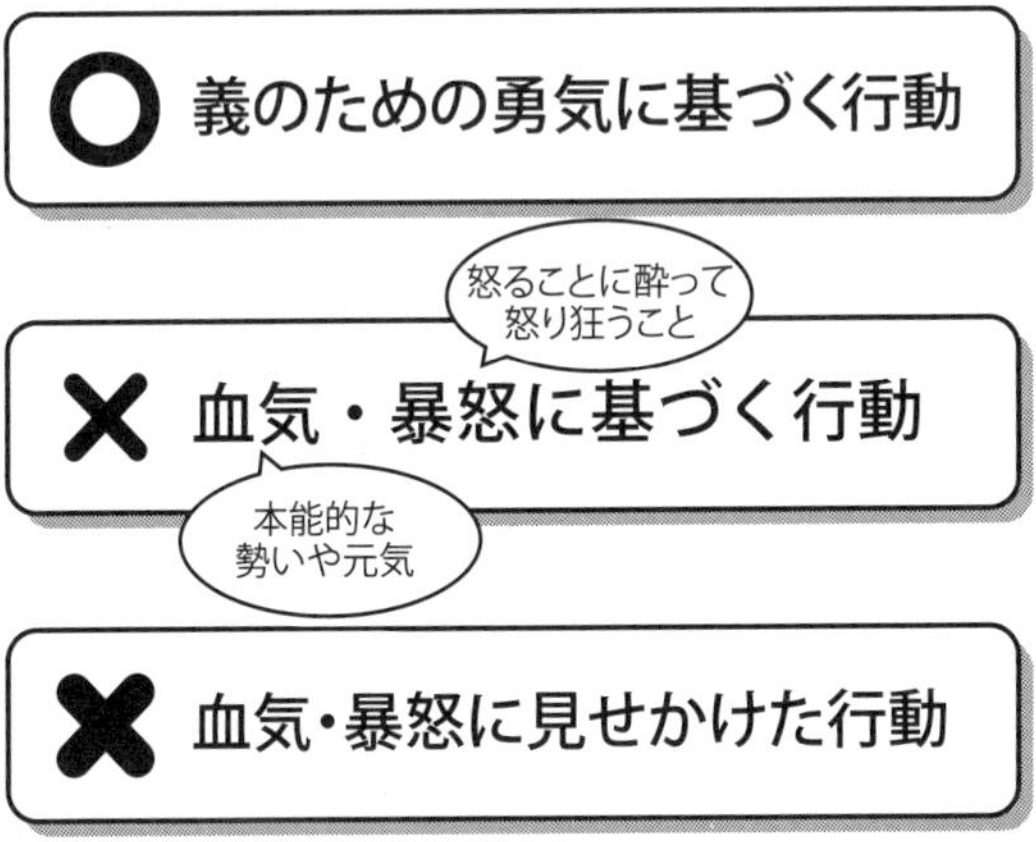

は血気が強く盛んだから争いなど起こしやすいので注意せよ。逆に老年になると血気がおとろえるので財欲のみが強くなってしまうので注意せよ」（季氏第十六『生きる力が身につく論語』参照）。だからこういう血気などに左右されないために、正しい志をしっかりと立てよ、そして学び君子、淑女となれと言うのである。

だから、たとえば論語を子供のころから素読しておくと、自然とこうした人間の弱い部分を補ってくれるのである。

# 8

# ちょっとした成功でうぬぼれてはいけない

▼およそ天下の事、創業は難《かた》きに似て易《やす》く、守成《しゅせい》は易きにて難し。

（嘉永四年六月　曹参論）

およそこの世においては、事業を新しく始めることは難しいようであって、実は易しいものである。また、その始めた事業を継続し、守っていくことは易しいように見えるが、実はこれが難しいのである。

創業者と呼ばれる人たちの中には本物の人物もいて、世の偉人と呼ばれる人もある。松下幸之助などその例であろう。しかし、実はほとんどの人が、ちょっと成功するとわがままやうぬぼれで人を人と思わないような人間に堕していく。それはなぜか。創業はその時の運である。たまたま知識があったり、人に恵まれたりしてうまくいく。しかし、これを守りつづけることは難しい。どんどん状況が変わり、人も時代も変わるからである。だから相当な努力をつづける人でないかぎり守成は難しい。人は成功したり財を手にすると自分がこの世でできないことなどないとうぬぼれてしまう。人のおかげでしかできないのに自分の力だと錯覚するのだ。

サミュエル・スマイルズの『自助論』の翻訳で有名な中村正直という人がいる。実は幕府始まって以来の秀才とも言われた儒学者でもあった。その中村正直が「敬天愛人説」という文章を書いている。その中で次のように言う。

「君子（立派な人物）は、敬天の心を持ち、仁愛の心で人に接する。たとえ富や地位を極めてもおごらず、大きな手柄や業績をあげても誇らず、困難や苦しみに会っても心を乱さず、つまずいてその名が一時傷ついても落胆などせず、自らの道を楽しむ心は失うこともないのである」。

反対に、だめな小人は、「人と争い、世の中で競い合って、他をしのごうとする。たまたま知識が広かったり、頭がよかったりして、成功し、名声を得るとすぐに慢心してしまい、自分だけが凄いと他人のことなど忘れてしまうのである」。

そして、さらにこう続ける。

「私という人間は独立して一人で生きているのではない。他の人とともに助け合うことによってはじめて生きていくことができるのだ。自分が生きていくために必要なものは、ほとんどすべて他人が作ったものであって、その恩恵、利益ははかることができないほどだ。自分はすでに他人からその利益を与えてもらっているのだから、自分も他人に利益を与えていくのは当然のことであろう。人を愛したくないといってもそれはできないことなのである」。

創業で成功する人たちには、こうした他人に感謝するとか、他人のおかげだからと言ってお返しをしていこうとする気持が少なくなり、自らの取るに足らない才を誇りうぬぼれやすいのである。

だから吉田松陰も述べるように「創業は易く守成は難し」なのである。

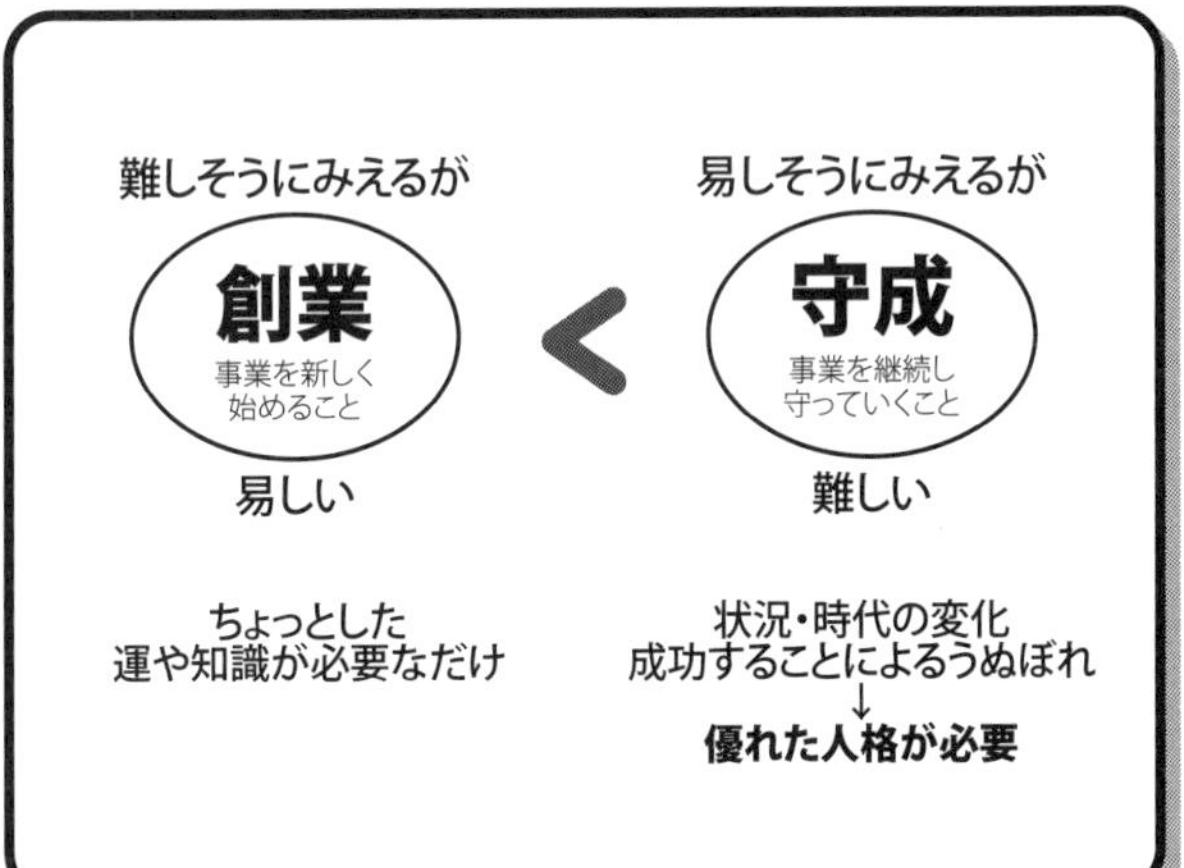

9

# 騒がしいだけの人間になるな

▼古《いにしえ》より大業《たいぎょう》を成す人、恬退緩静《てんたいかんせい》ならざるはなし。

（安政三年四月七日　講孟箚記）

古来、大きな事を成し遂げる人というのは、人物が騒がしくなく、態度もゆったりと物静かでなかったものはない。

「大きな事」というのは、よい方向に世の中を変えるような事業とか人や社会の幸福・福利増進に貢献できる仕事と言い変えることができよう。

なぜこういう大きな仕事を成し遂げる人は騒がしくないのか。それは志が定まり、それをよく自覚しているからである。自分のやるべきことをわかっているから、いちいち目の前の出来事に大騒ぎせず、あわてもしない。自分のやることはそれで左右されることはないからだ。

大業を成す人は、天命を知る人とも言える。天が自分に与えてくれたやるべきことを、この世で役立つ自分の役割をよく知っている人である。

そして、騒がしい人とは、それなりのつき合い方をする必要もある。つまらないことにつき合うと時間ももったいないし、余計な騒ぎにまき込まれるからである。

10

# 永遠に残るよき心と魂を持て

▼体《からだ》は私なり、心は公なり。私を役して公に殉《したが》ふ者を大人《たいじん》と為し、公を役して私に殉ふ者を小人《しょうじん》と為す。故に小人は体滅《めっ》し気竭《つ》くるときは、則《すなわ》ち腐乱潰敗《ふらんかいはい》して復《ま》た収むべからず。君子は心、理と通ず、体滅し気竭くるとも、而《しか》も理は独《ひと》り古今《こきん》にわたり天壌《てんじょう》を窮《きわ》め、未《いま》だかつて暫《しばら》くもやまざるなり。

（安政三年四月十五日　七生説）

体というのは個人のものであるが、心は公のものである。個人である私を使い、公に役立てて生きていく人を大人、すなわち立派な人物と言い、公を利用し、個人である私のためにする人は小人、すなわちつまらない小人物と言う。だから、この小人は体が亡くなり気が尽きてしまうとき腐乱し、壊れて敗れ去ってしまい、なにも存在しなくなる。君子すなわち立派な人物は心が道理と通じているため、たとえ肉体が滅びようとも気が尽きようとも、その心と魂は永久に天地の続く限り、それとともに存在していくのである。

心理学やそれを活用した成功法則によると、人には潜在意識というものがあって、その意識は他人とつながり、宇宙ともつながるものだという。だからその潜在意識に願望を刻印していくとそれは知らず知らずのうちに実現してしまうという。そしてこの願望には正しいことも悪いこともいずれも実現されるものと説明される。

しかし、天の正しい道理や宇宙の法則は、正しい方向をめざしているのではないか。と吉田松陰は考えるのである。つまり正しい方向というのは「世のため人のためになること」すなわち「公」である。だから本来心や意識や魂と言われる人間の本質は公に属していると見る。ただわが身体は、個人たる私のものである。この私のものである身体も公のために使う人こそが立

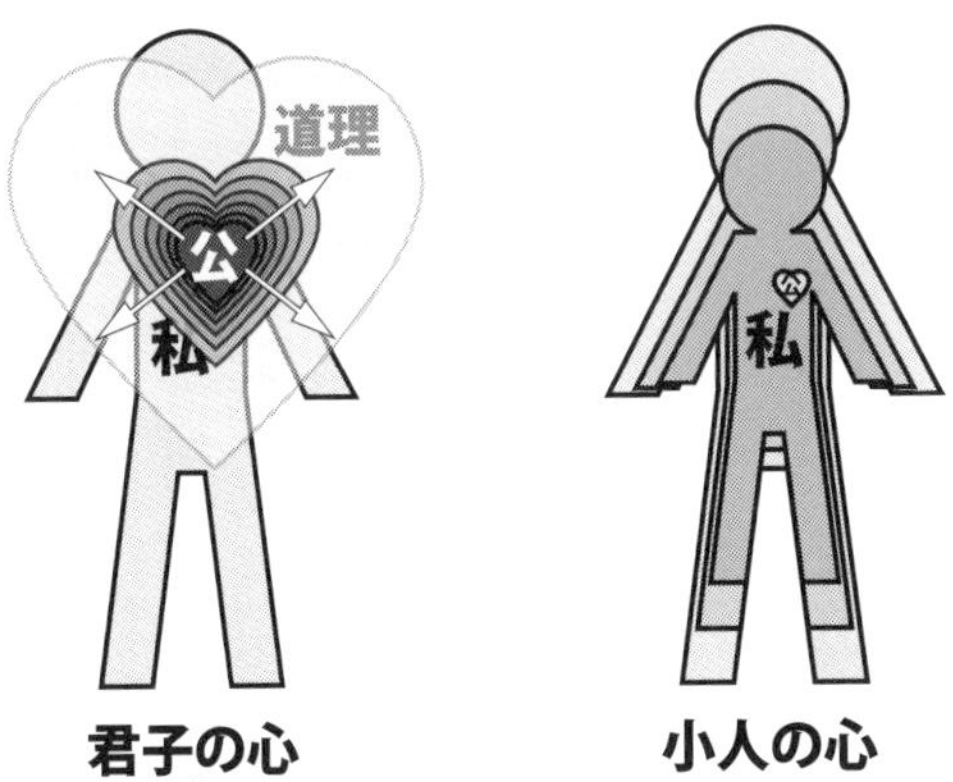


君子の心
＝
道理とつながっているため
永遠に残る

小人の心

派な人物（君子、大人）である。そしてこれを天も宇宙も望んでいることなのである。

　これに対し、そもそも公である心や魂さえも私個人のためにしか使わず、私利私欲のみを考えるものは天も宇宙も喜ばず、もちろん認めもしない。だから、その人は死んでしまえば心も魂も認められずに消えてなくなる。公のために尽くした心や魂は天も宇宙それを喜び認めるため、たとえその身体が滅びようとも、決して消えてなくならないのである。

　私も西洋の潜在意識の理論以上に、吉田松陰のこの考え方の方にまったく共鳴する。だから私利私欲の生き方を少しでも減らしていき、いくらかずつでも他人のため、公のために役立つことを目ざしたいと思うのである。

# 11

# 誠なくしてよきことの真の成就はない

▼事《こと》をなすは誠に在り。

（安政六年正月二十五日　君儀［安富惣輔］に復す）

世の中に役立つ事をなし遂げられるのは、誠という徳によってである。

誠の徳は、現在では人として備えるのは当たり前のように言われている。商業道徳としてもこれが尊重されない社会は衰退し、発展もしないと見られている。

この誠の徳に偉大なる力があると見たのが孟子であった。次のように述べている。

「身を誠にする道あり。善に明らかならざれば、其の身を誠にせず、是の故に誠は天の道なり。至誠にして動かざる者は、いまだこれ有らざるなり。誠ならずして、いまだよく動かす者は有らざるなり」。

つまり、「わが身に誠ありと言えるためには方法がある。それは善とは何かを明らかにしていくことである。善を明らかにできない者は、その身を誠にすることができない。誠がすべての根源であって、誠は天の道（自然の道理）である。すなわち元来人の本性である誠を身につけていくのが人の人たる道なのである。したがってこの至誠をもって動かすことのできないものは、この世にはなく、また、誠なくして動かせるものはないのであるということである。

吉田松陰は、この孟子の「至誠にして動かざる者は、いまだこれあらざるなり」を全身で受け止め、自らの行動原理までに高めた。

今日の日本ではこの言葉は孟子よりも松陰の言葉としてより有名であるといえる。「至誠」を貫き処刑されたが、その心と魂が今も人を動かしつづけているのだ。なお、「誠」についてつけ加えるならば、わが国においては、天神様と尊敬されている菅原道真も、和歌で次のように歌った。

心だに　誠の道にかなひなば　祈らずとても神や守らぬ

意味するところは「神様は神だのみで祈るとかどうかは関係なく、誠の心を持ち、誠の道を歩む人こそ守ってくれるし、大きな力を与えてくれるのだ」という。

こうして、誠とは人としての正しい道、すなわちまごころで人とつき合い、人と天を裏切らず自分を高め世の中に役立ちたいという心と実践なのである。

# 人生は短く、困難をおそれている時間はないのだ

▼人生草露《そうろ》の如《ごと》し、辛艱《しんかん》何ぞ慮《おそ》るるに足らん。一朝《いっちょう》の苦《く》を顧《おも》うて、遂《つい》に千載《せんざい》の図《と》を空《むな》しうするなかれ。

（安政元年九月以降　五十七短古）

人生は草露《くさつゆ》のようにたちまちに消えていくものだ。どうしてつらいことや困難なことを恐れている時間があろうか。ほんのいっときの苦しみを気にして、そのために千年先まで残るような仕事を無にしてはいけない。

人は強くもなり弱くもなる。それを分けるのは志であり、気持・気迫である。そしてその志や気持・気迫を高めてゆるぎないものにしていくには、自らを励まし心身にしみ込ませていくことが求められる。こうして真に強い人になり、大きな仕事を成し遂げられるようになる。ここに大きな仕事とは、世の中を変え、人々の幸福増進に役立つようなこと

である。このような仕事を成し遂げる人につらいことや困難は次々と迫ってくる。しかし、それをいちいち恐れたり逃げたりするとせっかくの大仕事も台無しにしてしまう。だから吉田松陰は、国の危機や時代変革の時においては、どうせあっという間の人生だからと覚悟を決め、何事にも恐れない人間となって大きな仕事に挑もうと強く励ますのである。

　吉田松陰自身三十年という短い人生だった。そしてまさにその苦難だらけの人生を少しも恐れず、逃げずに、永遠に残る仕事のために費やした。

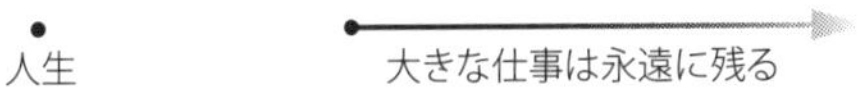


**人生は一瞬。**
**つらいことや困難なことを**
**恐れている時間はない**

13

# 心が意気盛んとなれば、この世に成就できないものはない

▼国善く寇《あだ》を退《しりぞ》けば則《すなわ》ち民蘇《たみよみがえ》り、身善《みよ》く病《やまい》を除かば則ち体安《やす》し。民蘇らば則ち、勢《いきおい》振《ふる》ひ、体安からならば気旺《さかん》なり。勢振はば天下に強敵なく、気旺ならば天下に難事なし。

（安政元年冬　「金子重輔に与ふる書」）

国が襲ってくる外敵を退けることができれば、人々は蘇がえり、身体が病を除くことができれば健康体となる。人々が蘇えれば、すなわち、勢いが出て、体が健康になれば心も意気盛んとなる。人々に勢いあればこの世界に手強い敵はなく、心が意気盛んであればこの世に成就できない難しいことも存在しなくなる。

明治維新は尊皇攘夷の過激な思想から始まった。つまり日本の歴史始まって以来の系統である天皇を尊重し、日本に開国を迫り、利をむさぼりたいとやってくる西欧諸国を追い払って鎖国を貫くというのである。現実に諸外国との交流、貿易なしに国を発展させるこ

とは難しい。それは吉田松陰もよくわかっていた。そのためにペリーの戦艦に乗り込んでアメリカ行きを企てたのである。

しかし清の国（中国）を見てもわかる通り、単純な幕府による開国政策は、西欧の植民地を招くことにもなる。だから尊皇攘夷によって幕府を弱体化しついには倒し、新しい政府（天皇の下に）を打つ立て諸外国との新しい関係をつくろうと考えたのである。

まさに当初は無謀な思想・政策のようであったが、結果的にはこれによって徳川幕府が倒れ、明治の新しい日本の建設が始まったのである。そして積極的に西欧文明に学んだ。

吉田松陰が考えた、天皇を仰ぎその下に日本国民が一体となって西欧に対抗するす

| 国 | 個人 |
| --- | --- |
| 外敵を退ける<br>↓<br>人々が蘇える<br>↓<br>勢いが出る<br>↓<br>無敵となる | 病を取り除く<br>↓<br>健康体になる<br>↓<br>意気盛んになる<br>↓<br>成就できないことはなくなる |

ばらしい国づくりの途につけたのである。

金子重輔はペリーの船に一緒に乗り込もうとした最初の弟子である。その盟友は不運にも獄中で病に倒れたままである。その金子に、病に打ち勝ち、また共に困難に立ち向かい乗り越えていこうと励ましているのがこの手紙である。愛と気概にあふれる文である。

しかし金子はついに死んでしまうが、松陰とのこの決死の行動が千年の日本を切り開くきっかけとなったと見ることができる。

アメリカ艦隊のペリー提督側も二人のこの青年の行動を見て「日本の未来は何とも明るいことか」との予言をしるしているのであった。

# まずは、今自分たちに与えられている役割を誠実にこなせ

▼位の在る所、志の存する所、唯《た》だ位に素《そ》して行ひて其《そ》の外《ほか》を顧《かえり》みず、すなわち志喪《うしな》はざるべきなりと。

（弘化四年　平田先生に与ふる書）

自分の今与えられている役割と自分の志についてどう考えるか。それはただ、自分の今の与えられた場所で今やるべきことを誠実に行って、余計なことに気を散らさないことである。そしてこれが自分の志を失わずにいることになるのである。

人は大きな志を立て、それに向かって進んでいくべきと説かれる。一方で、目の前の自分のやるべきことがある。だが、志のためには、目の前のことを捨て、ただちに行動に移すべきではないかとも考えられる。

しかし、それはまちがっていると吉田松陰は述べる。志とは、自分を成長させ世の中に大きく役立つことを成し遂げたいという強い思いである。だから、日々の目の前のやるべきことに打ち込み成果を出すことで人は自分を伸ばしていかなければ、志を成し遂げるだけの人物にはなれないのである。いくらかけ声だけ勇しく、また何の力もないのに挑んでも、返り討ちどころか、邪魔な存在でしかない。

志ある者こそ今やるべきことに誠実に取り組んで向上していくのである。

## 志の実現の過程

① 志を立てる

▼

② 今の自分の役割を誠実にこなす

▼

③ 力をつける

▼

④ 志の実現

# 教育とは人それぞれの長所を伸ばすことである

▼斉《ひと》しからざる人を一斉《いっせい》ならしめんとせず、所謂《いわゆる》才なる者を育《いく》することを務《つと》むべし。

（嘉永四年四月以降　山田治心気斎先生に贈る書）

もともと同じではない人を同じようにしようなどせずに、その人の才能のある面を育てていくことに努めるべきである。

吉田松陰の教育方針は、人それぞれの長所を見てその面を伸ばしていくことにある。

事実、囚人として野山獄に入っているときも各囚人の才を見い出し、その面の先生として各自他の囚人の指導にあたらせるという、〝奇跡〟のようなことを行った。また、松下村塾では生まれや身分も問わず教え、その中から幕末と明治の日本を動かした多数の人材を生んだ。松陰は佐藤一斎（尊敬する儒学者の一人）を槍や剣の達人として育てることは難しいだろうという。今で言えば、たとえば小説家村上春樹をアントニオ猪木に育てるのは難しいだろう、ということだろう。

松陰が見た当時の日本の教育は、「今の弊、闔国《こうこく》の人をして皆一斉ならしめんと欲するにあり」（前掲書）すなわち「今の教育の弊害は全国の人を皆同じように育てたいというところにある」とした。だから、「才ある人が出てこない」と嘆く。

　これは松陰二十一歳の時の文章だが、数年後に松下村塾を開き自ら才ある人の育て方を示したのである。

**松陰の教育方針**

**人は同じではない**

▼

**才能も人それぞれである**

▼

**その人の才能を伸ばすこと**

# 学ばない理由をこじつけるな

▼勉《つと》めざる者の情に三あり。曰《いわ》く、吾《わ》が年老《としお》いたり。曰く、吾《わ》が才鈍《どん》なり。然《しか》らずんば則《すなわ》ち曰く、吾が才高《たか》し、学成《な》れりと。（嘉永四年十二月九日　山田右衛門への手紙）

学ぶことをしない者の心情には三つのものがある。一つには私は年をとってしまいました。もう一つには、私には才能がありませんから、というもの。さらには、そうでなければ、私は才能が高いので、もう学ぶべきことは修めてしまって学ぶことはないのだというのである。

吉田松陰は、どんな人であろうとも、どんな身分でも何歳であろうと、学ぶ人は国の宝であり、それが世のため、人のため、そして自分のためにもなるのだと言う。

しかし、現実は何かと理由をつけて学ぶことをしない人が多いことを残念がる。

ここにあげる三つの学ばない理由は、現代の日本においてもまったく同じではないだろうか。

佐藤一斎の名言にある「少にして学べば、則ち壮にして為すことあり。壮にして学べば、則ち老いて衰えず。老いて学べば、則ち死して朽ちず」なのである。すなわち「少年の時に学んでおけば壮年になってから役に立ち、何ごとかをなすことができる。壮年の時に学んでおけば老年になっても気力の衰えることはない。老年になって学んでいれば知識も徳も一層修まり、社会の役に立つことができ死後もその名が朽ちることはない」のである。

生涯謙虚に学ぶ人になりたいものである。

## 学ばない人の言い訳

① もう遅すぎる（なまけぐせ）

② 才能がない（自信喪失）

③ 学ばなくてもできる（うぬぼれ）

17

# 勇気は母のしつけで育てられる

▼日本は武国《ぶこく》と申し候《そうろう》てむかしより勇氣を重しと致し候国にて、殊《こと》に士は武士と申し候へば別して勇が大切にて、小供へいとけなき折からこの事をしへこみ候事肝要《かんよう》に候。

（安政元年　妹千代への手紙）

日本は武の国と言われてきて昔から人の勇気を大事なこととしてきた国である。ことに士は武士と言って特に勇が大切であるから、子供には幼いころより、このことを教え込むことが肝要なのである。

ここで吉田松陰が述べる「勇」については、新渡戸稲造が『武士道』によって示す解説をつけ加えたいと思う。

すなわち武士道の勇とは、義のために実践されるものということである。そうでなければ「人の徳のうちに数えられるに値するものではない」（拙訳『武士道』参照）。この新渡戸稲造の注意は論語の教えでもある。

「子路曰く、君子は勇を尚《たっと》ぶか。子曰く、君子は義、もって上と為す。君子、勇ありて義なければ乱を為し、小人、勇ありて義なければ盗を為す」（陽貨第十七）。

つまり「子路がたずねた。君子（立派な人格者）は勇を尊ぶものですか。孔子は言った。君子は勇を尊ぶが、それ以上に義を尊ぶものである。すなわちやるべきことかやってはいけないことかの判断をする時に正しい道理に従うという義を尊ばないといけない。地位の高い君子が勇だけあって義がないと社会に乱を起こしかねない。地位も何もない小人物が勇だけあって義がないと盗みをしてしまうことにもなる」（拙著『生きる力が身につく論語』参照）。

なお、ここでの松陰の言葉は母親になろうとする妹千代へのものである。人に勇気

があるかどうかは、実は松陰が述べるように母親の幼時期からのしつけに負うことが大きい。これは『武士道』の新渡戸稲造も同感のようである。私の身近な経験でも学校教育や地域教育では真の勇気は身につきにくい。母親がどう育てるかがかなり左右すると思われるのである。

よく「ケチと臆病は治らない」とも言われるが、それは真の原因が母親のしつけ、教育にあると考えると納得できることである。

# 母の行いが正しければ子も正しく育つ

▼およそ人の子のかしこきもおろかなるもよきあしきも、大てい父母のをしへによる事なり。就中《なかんずく》男子は多くは父の教を受け、女子は多くは母のをしへを受くること、また其の大がいなり。さりながら、男子女子ともに十歳已下《いか》は母のをしへを受くること一しほおほし。故は父はおごそかに母はしたし、父はつねに外に出で、母は常に内にあればなり。然れば子の賢愚善悪にあづかる所なれば、母の教ゆるがせずにすべからず。しかし、その教とふも十歳已下の小児の事なれば、言語にてさとすべきにもあらず。ただ正しきを以てかんずるの外あるべからず。昔聖人の作法には胎教と申す事あり。子胎内にやどれば、母は言語《ものいひ》立居より給《たべ》ものなどに至るまで万事心を用ひ、正しからぬ事なき様にすれば、生るる子、なりすがたただしく、きりやう（器量）人に勝るとなり。物しらぬ人の心にては、胎内に舎《やど》れるみききもせずものもいはぬものの、母が行《おこない》を

正しくしたりとてなどか通ずべきと思ふべけれど、こは道理を知らぬゆえ合点ゆかぬなり。

およそ人は天地の正しき氣を得て形を拵《こしら》へ、天地の正しき理を得て心を拵へたるものなれば、正しきは習はず教えずして自ら持得る道具なり。ゆえに母の行ただしければ、自らかんずること更にうたがふべきあらず。是れを正を以て正しき感ずると申すなり。まして生れ出で目もみえ耳もきこえ口ものいふに到りては、たとへ小児なればとて何とて正しきに感ぜざるべきや。扨《さ》てまた正しき人の持前とは申せども、人は至ってさときもの（聡きもの）故、正しからぬ事に感ずるもまた速《すみ》やかなり。よくよく心得べきことならずや。よってここに人の母たるものの行うべき大切なる事を記す。（安政元年十二月三日　妹千代への手紙）

およそ人の子が賢いであるとか愚かであるとかというのは、大ていは両親の教育によって決まることである。なかんずく男子は多くは父の教えを受け、女子は多くを母の教えを受けることが一般である。しかしながら、男子も女子も、ともに十歳までは母の教えに影響を受けることがはなはだ多い。それは、父は厳そかで近づきがたいのに対し、母は親しみがあるし、父は常に外に出ていて、母は常に家の内にいることからである。このように、子供の賢愚や善悪の心に強い影響を与える母の教育は決してゆるがせにできないのである。しかし、その教育と言っても十歳以下の小児のことであるから言葉によってわからせるよりも、ただ正しいことを正しく感じることによって身につけていくのがよい。昔の聖人の作法に胎教というのがある。それは、子が胎内に宿れば母は物言いや立振るまいから、食べ物まですべてに心を配り、正しくないことはしないようにすることである。そうすれば生まれてくる子は、なり姿が立派で、人としての器量もすぐれたものとなる。物を知らない人は、胎内に宿る子は、見聞きもできず物も言わないのであって、母が行いを正しくしてもわかるはずがないと言うかもしれない。しかし、これは道理をしらないことによる考えである。

およそ人は、天地の正しい気を得て自分の体を形づくり、天地の正しい理を得て心を形成していくものであるから、本来は正しいことは教わらなくても自らの中に存在しているのである。したがって母の行いが正しければ子自らもさらにその正しさを疑わないものとなっていくのである。これを『正をもって正しきを感じる』と言う。ましてや生まれ出てきて、目も見え耳も聞こえ、物を言うようになれば小児とは言っても正しいことによく感じないわけがない。人は正しい性質を生まれ持っているとは言ったが、他方で人は聡くてすぐに影響を受けやすいものであるから、正しくないことを感じるのも速いところがある。このことも決して忘れてはいけない。だからこそ、人の母たる者の行いがいかに大切であるかをここに述べるのである」

今では注目度の高い胎教を早くも勧めているのに驚かされる。しかも〝潜在意識の理論〟に通じる発想も見える。ただ、これはおそらく古来からの天の思想が同じような考え方だったとも言える。たとえば松陰は「およそ人は天地の正しい気を得て自体の体を形づくり、天地の正しい理をを得て心を形成していくもの」と述べる。

世界中のベストセラーとして読みつづけられているジョセフ・マーフィー博士の『眠りながら成功する』（大島淳一訳、産能大学出版部）の訳序には次のような文がある。

「私たちは、最初は微少な受精卵にすぎませんでした。それが、だれがどう手を加えたわけでもないのに目や鼻や内臓や手や足が出て人間に成長します。成長した体は、食物から栄養を取り、老廃物は排泄して生きていきますが、これも別に意志であぁしてこうしてと言われなくてもそうなっていきます。このような人間の存在を意識しなくてもつかさどっているものを潜在意識と言います」。そしてこの潜在意識は「ある一定の刻印を受けるとそれを必ず現実の形にしてこの世に現わさずにおかない性質」があるというのである。

松陰の教えがすんなり通じそうだ。

私もある本で「潜在意識」とともに「気」について次のように述べたことがある。

「この世の物の根本はすべて同じものから創られているようです。

物質を細かく分析していくと、分子や原子や電子そして、あとは、どんどんと理論上のものとなっていきます。いわば、「気」とでもいうしかないものから作られているのでしょう。あるいは「魂」とか「霊魂」とか。

つまり、人も、犬も猫も、木も花も、石ころも、同じ物からできているのではないかと思うのです。

この宇宙の根本たる「気」の力は、人間を創り出し、万物の霊長とし、人間が思えば、そして、言葉として口にするものを、どんどん作り出していっています。

愛や思いやりというすばらしいものから、原子爆弾、水素爆弾という、人類を滅ぼすことのできるものさえ、作り出していますう」(『ココロが成長する言葉の魔術』参照)。

人間の本質は、潜在意識とか気とか魂とか言われるものに強くかかわっているのなら、できるだけ幼いころより正しい気や正しい理を身につけたいと思うのである。

特に松陰は教育者として、孟子の言う「人は本来善なるものを生まれ持っているのだ」という考えを持つ。だからこの正しさ、善なるものに早くから感じさせることで本当に立派な人物になれるのだと考えているのである。

もちろん年齢は何歳になっても学び始めることはよいことで、自分を考えていけることではある。しかし、だからといって子供のころ、幼児のころいいかげんな教育でよいとは言えないのである。子供のころいいかげんだと、大きくなってからの学びは大変なものがあるからだ。できるかぎり早いうちから、できるなら胎児のときからよき教育をするのが理想なのである。

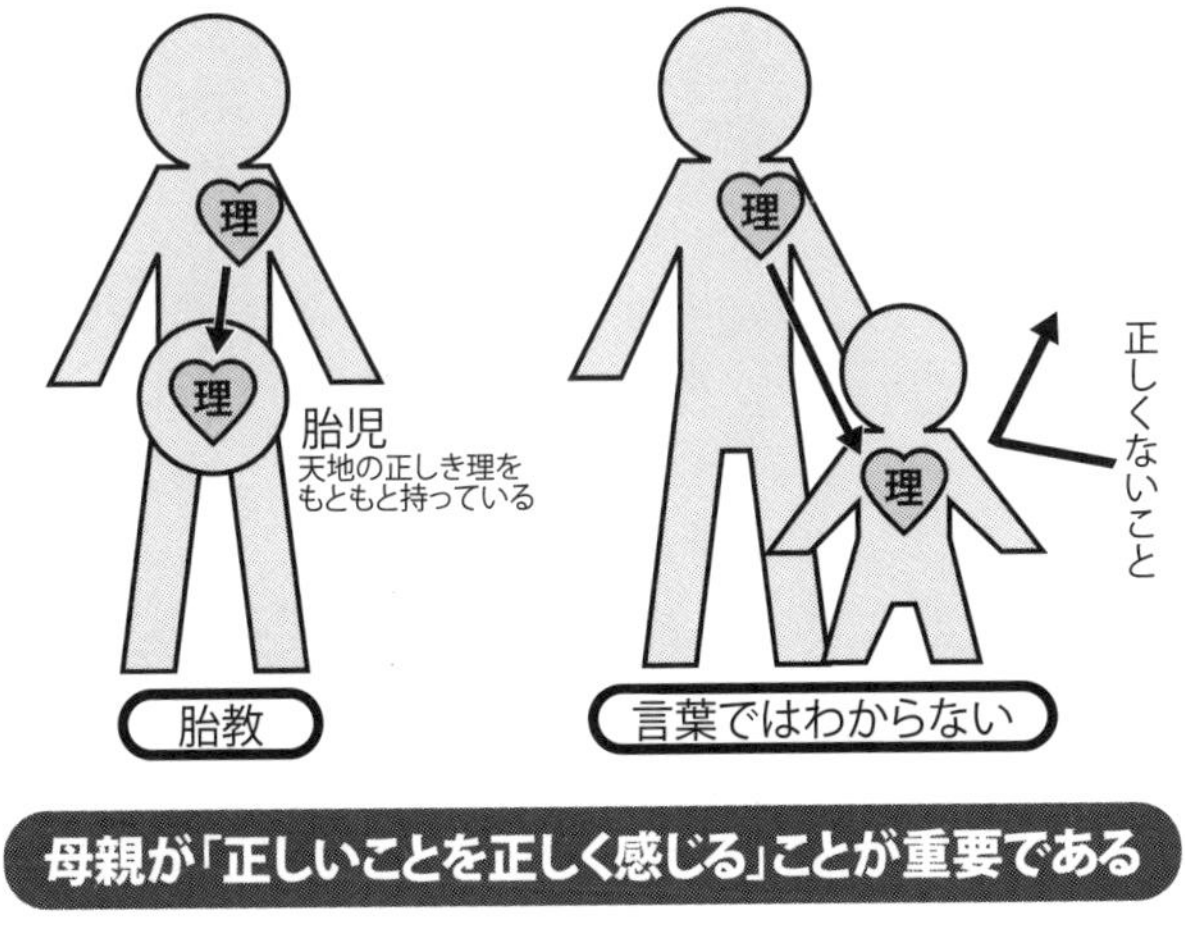
理
理
胎児
天地の正しき理を
もともと持っている
胎教
理
理
正しくないこと
言葉ではわからない
母親が「正しいことを正しく感じる」ことが重要である

# 19 神様は正直で、清くて汚れていないことを好まれる

▼明神《みょうじん》を崇《あが》め尊《とうと》ぶべし。大日本《やまと》と申す国は神国と申し奉《たてまつ》りて、神々様《かみがみさま》の開き給《たま》へる御国《おくに》なり、然《しか》ればこの尊き御国に生れたるものは貴《とうと》きとなく、賤《いや》しきとなく、神々様をおろそかにしてはすまぬことなり。しかし世俗にも神信心《しんしんじん》といふ事する人もあれど、大てい心得違《こころえちが》ふなり。神前に詣でて拍手を打ち、立身出世を祈りたり、長命富貴《ちょうめいふうき》を祈りたりするは皆大間違《おおまちがい》なり。神と申すものは正直なる事を好み、また清浄なる事を好み給ふ。それゆえ神を拝むには先《ま》づ己《おの》が体を清浄にして外に何の心もなくただ謹《つつし》み拝むべし。これを誠の神信心と申すなり。その信心が積《つも》りゆけば二六時中《にろくじちゅう》己が心が正直にて体が清浄になる、是《こ》れを徳と申すなり。

（安政元年十二月三日　妹千代への手紙）

神様を崇め尊ぶことが大切である。大日本という国は神国と言われるように神々様が開かれたお国なのである。そうであるならばこの尊い

お国に生まれた者は、身分の高い低いなど関係なしに神々様をおろそかにしてはいけない。世俗において神様に信心する人を見ると大ていの人が心得違いをしているのがわかる。神前に詣出て、拍手を打ち、立身出世を祈ったり長生きや富や地位を祈ったりしているがそれは大まちがいである。神というのは正直であることを好まれ、また清くて汚れなきことを好まれる、したがって神を拝むにはまず、自分の心を正直にし、また自分の体を清く汚れなきようにして、余計なことを考えずに、ただありがたくつつしんで拝むのである。これが誠の神様への信心というものである。この信心が積っていけばいつも自分の心が正直になり、体が清く汚れなきようになっていく。これが徳というものである。

吉田松陰の「神様」論はもちろん〝理屈〟だから虚構と言うことも可能だろう。しかし、人間の本質を「気」や「精神」「魂」などと見るならば、かなり説得力がある。特に日本という国の歴史を素直に見れば、天照大神をはじめとする八百万の神々様がいてくれて、その前に人々は平等であるのだ。天皇を崇拝し象徴と見る日本国憲法もそれと矛盾するものではない。

日本の神様というのは「正直であることを好まれ、また清くて汚れなきことを好まれる」から神社に詣でるときも余計なことを考えずに、ただありがたくつつしんで拝むのであると言う。今の日本の神社は少々商業主義的であるために本来のあり方とは違うが、経営上はしかたないことかもしれない。

神社に祭られた吉田松陰は参拝する人の願いをたくさん聞かされて苦笑しているかもしれない。

## 神様への真の信心

**立身出世**や**長生き**や**富**や**地位**を祈る　✕

心を**正直**にし、体を**清く汚れなき**ようにし、**余計なことを考えず**に、ただ**ありがたくつつしんで**拝む　◎

心が正直、体が清い　→　**徳**

# 20 苦難の先には必ず福がある

▼禍福《かふく》は縄《なわ》の如《ごと》しといふ事を御《お》さとりがよろしく候《そうろう》。禍は福の種、福は禍の種に候。人間万事塞翁《ばんじさいおう》が馬に御座候《ござそうろう》。拙者《せっしゃ》なんど人屋《じんや》にて死に候へば禍のやうなものに候へども、又一方には学問も出来、己《おのれ》のため人のため後の世へも残り、且々《かつがつ》死なぬ人々への仲間入りも出来候へば、福この上もない事に候。人屋を出で候へば、またいかなる禍のこようや知れ申さず候。もちろん其の禍の中にはまた福も交り候へども、しょせん一生の間難儀《なんぎ》さへすれば先の福があるなり。

（安政六年四月十三日　妹千代への手紙）

『禍福は縄のごとし』（禍いや福というのは、あざなってつくる縄のようなもの）ということはよく知っておくのがよい。つまり禍いは福の種であり、福は禍いの種となるものなのだ。『人間万事塞翁が馬』である。私が牢屋においてこのまま死ぬことになれば、これは禍いのように思えるかもしれないが、一方においては牢屋の中では学問をすることもできて、これによって自分を高め成長でき、後の世のためになる仕事もできる。そしてその仕事の出来によっては死なない人々（名が歴史に残るほどの影響を与えられる存在）の仲間入りもできることを考えると、この上のない福と言える。牢屋から出ることができれば、また、どんな禍いに出会うかも知れない。もちろんその禍いの中にまた福も交わっているだろうが、しょせん人は一生の間、難儀をすれば、その先に福があるということだ。

吉田松陰の高第の一人高杉晋作の有名な言葉に「自分は困ったと思ったことがない」というのがある。問題が起きるのは、飛躍のチャンスと常に前向きに考えるのである。幕末において亡国への道をひたすら走ったかに見えた長州藩であったが高杉晋作が吉田松陰の教えを胸に日本国を救うための機会ととらえひるまずに戦ったのである。

どんな困難が来てもそれは将来の福のためにあることと見ることができる人こそ物事を成就することができるのではないだろうか。

21

# 読書を通じ偉大な人に学び、賢い人を友とせよ

▼人古今《ここん》に通ぜず、聖賢《せいけん》を師とせずんば、則《すなわ》ち鄙夫《ひふ》のみ。読書尚友《どくしょしょうゆう》は君子の事なり。

（安政二年三月　士規七則）

人が古今の文物、歴史に学ぶこともなく、聖賢すなわち偉大な人たちを先生としないのであれば、その人は、だらしなくもつまらない者と言うべきである。読書をし、そこに登場する賢人たちを友として刺激を受けることこそ君子（立派な人格者）のあり方である。

吉田松陰は読書を勧める言葉をあちこちに残している。松陰自身も幼いころより読書抜きの生活は考えられなかった。その読書の方法は、古典に親しみ孔子や孟子と対話しながら自らの心を練り上げていったのである。

若い弟子の一人野村和作への手紙（安政六年四月十四日）には、「読書最も能く人を移す。畏るべきかな書や」とある。つまり、「読書が最も人を変える。本にはこうした偉大

な力があるのだ」ということだろう。

また桂小五郎（木戸孝充）への手紙では、「天下国家の為め一身を愛惜し給へ。閑暇《かんか》には読書を勉め給へ」（安政四年九月二日）と述べている。

「国を変えていく人材なのだから、体を大切にしなさいよ。そして時間があれば読書をして人間を磨きなさいよ」というのであろう。

私も国の未来、社会の活力は、どれだけの人が読書をするかにかかっていると確信している。

だから吉田松陰の教えを守り、「読書をしよう」と呼びかけつづけているのである。

| 立派な人格者（読書尚友の人・君子） | つまらない者（鄙人・小人） |
|---|---|
| 読書をする人 | 読書をしない人 |
| 歴史と偉人に学ぶ人 | 歴史と偉人に学ばない人 |

22

# 人としての正しい生き方を貫く勇気を持て

▼士の道は義より大なるはなし。義は勇に因《よ》りて行はれ、勇は義に因りて長ず。

（士規七則）

武士あるいは道を志す者の生き方は、義（人としての正しい生き方）が最も大切なものとなる。義は勇によって行うことができるし、勇は義の生き方から生まれ育てられるのだ。

「義」とは人としてなさねばならない正しいこと、あるいは正しい生き方をさす。この「義」は孔子、孟子の時代から重要視されたが、日本における武士道において最も価値を置かれるようになった。

新渡戸稲造『武士道』によれば、「『義』は武士の掟の中で最も厳格なる教えである。武士が最も嫌うのは陰険なやりかたと不正な行いである」という。

この義を大切にする武士の中でも吉田松陰と西郷隆盛は、これを日本人の行動指針にまで高めようとした点で注目される。

　もちろんその他大勢の武士たちも「義士」や「志士」として義を重んじただろうが、この二人の偉人はまじり気のない純粋な「義」の人として生きたと言える。だから後世に尊敬も集めるが、命さえも「義」のためには捧げる人生となったと言えるかもしれない。

　すなわち吉田松陰が述べるように義を勇によって行い、義の生き方から勇を実践したのである。

## 士の道とは

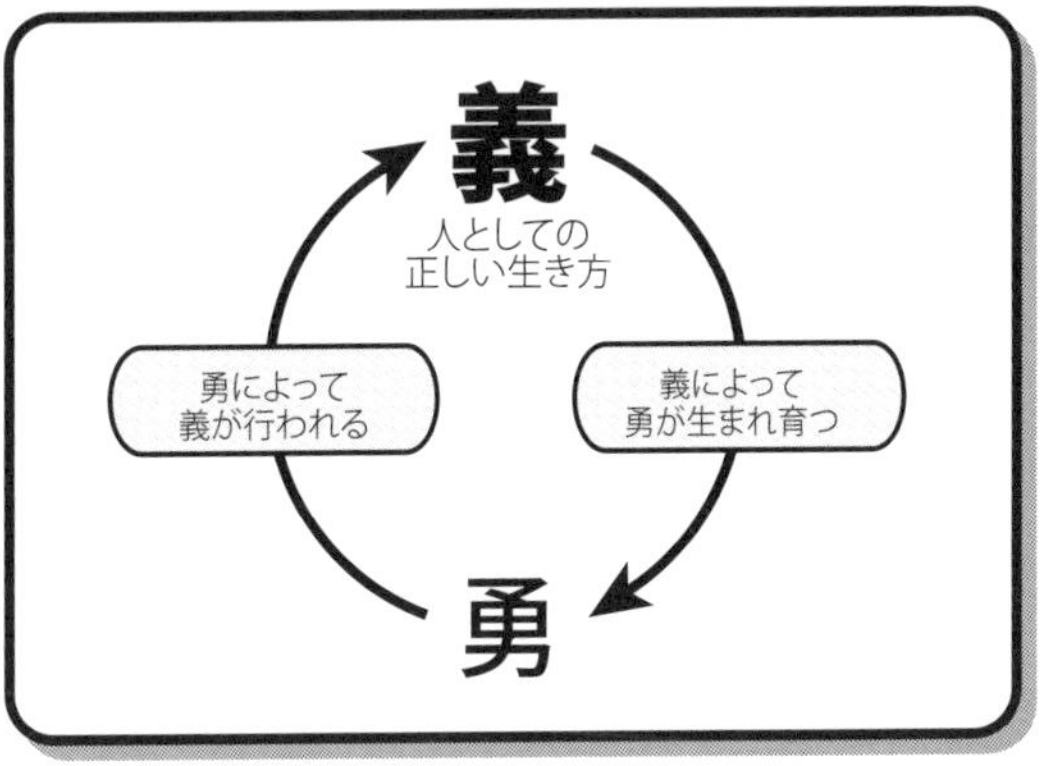
義
人としての
正しい生き方
勇によって
義が行われる
義によって
勇が生まれ育つ
勇

# 23

# ごまかしたり過ちを偽ったりしない生き方をせよ

▼士の行《ぎょう》は質実欺《あざむ》かざるを以《もっ》て要《かなめ》と為し、巧詐《こうさ》過《あやま》を文《かざ》るを以て恥と為す。光明《こうめい》正大《せいだい》、皆《みな》是《こ》れより出づ。

（安政二年　士規七則）

士すなわち正しい生き方を学ぶことを志す人の行いというのは飾らなく誠実であり、人を欺くことがない生き方を大切なものとする。また、うまくごまかしたり、過ちを偽ったりして隠すことを恥とする。こうして素直で明るくそして正しい大きな心と生き方が導かれるのである。

士とは武士、サムライとも読めるが、ここでは広く正しい生き方を学ぶことを志している人のことと言ってよいと思う。

学問をするということは本来このような人としての正し生き方を修めるためにあるとするのが吉田松陰である。もちろん孔子、孟子以来の聖賢の考え方でもある。

しかし、時代が進むほど地位ができて豊かな人とそうでない人に分かれるようになるにつれ、人は、学問をわが私欲のために利用するようになりやすくなる。今では、かなりの人がそうではないか。
吉田松陰の言うような生き方がすべてできるかは難しいかもしれないが、少しでもそうありたいと願い日々反省することで、「素直で明るくそして正しい大きな心と生き方」に近づけるのではないだろうか。

**士の生き方とは**

**素直で明るく大きな生き方**

① 飾らない、誠実、人を欺かない

② ごまかしたり過ちを隠すことを恥とする

# 師と友は慎重に選ばなくてはいけない

▼徳を成し材を達するには、師恩友益《しおんゆうえき》多きに居《お》り。故《ゆえ》に君子は交遊を慎《つつし》む。

（士規七則）

徳を身につけて、自分の才能を伸ばして世に役立つ人材になれるのは、師の恩や友から受ける多くの益によるものだ。だから、君子（立派な人物）というのは、交遊する人を慎重に選び、だれとでもつき合うようなことはしないのである。

人は出会いつき合う人で自分の人生や自分自身をつくり上げていく。あとは読書であり思索である。

だからどんな師につくかは大事である。

それ以上にどんな友人とつき合うかが人生を大きく左右する。その人の友人を見ればその人のレベルもわかるとは、昔からよく言われる正しい格言である。

要はつき合う相手をあわてて選ぶよりも、自分をまず成長させ、人間を磨くことである。人はまったくの一人では生きていけないが、少数でもいいから信頼できる人がいてくれれば十分すばらしい人生を送れる。

また、自分が変わることでつき合う人も変わる。必ずふさわしい友人は出てくるものだ。それまでは一人の時間を多くとり有意義な読書に親しんだり仕事に精を出すことである。

淋しいからと言ってつまらない人とつき合うことほどよくないことはない。

徳を身につけ、
世に役立つ人材になる。

▼

**よき友、よき師が必要**

▼

**友、師は慎重に選ぶことが必要**

25

# 口先だけの人間には言葉の重みはわからない

▼「若《も》し薬瞑眩《くすりめいげん》せずんば、その疾瘳《やまいい》えず」（孟子）。この言、実にこれ吾輩《わがはい》の良薬是《これ》に過《す》ぐることなし。但《ただ》し、この薬瞑眩する所以《ゆえん》に至《いた》りては、真に志を立つる者に非《あら》ざれば知ること能《あた》はず。請《こ》ふ、試《こころ》みに是を言はん。今、常人の通情《つうじょう》を察するに、善を好み悪を悪《にく》むは固《もと》よりなれども、大抵《たいてい》十人並の人とならんと思う迄《まで》にて、百人、千人、万人に傑出せんと思ふ者少し。

（中略）

常人の情として、自ら行ふことを勉《つと》めず、好みて無当《むとう》の大言をなし、聖人なるも、善国となすも茶漬《ちゃづけ》を食ふ如《ごと》くに言ふ者多し。またいずくんぞ此《こ》の薬の瞑眩を知ることを得んや。吾輩自ら反して是を思ふ時は、汗背赧面《かんぱいたんめん》、自ら容《い》るる所なし。是、実に吾輩の良薬なるかな。

（安政二年八月九日　講孟箚記）

孟子に『薬というものは、飲んで目がくらむほどのものでなければ、病気はなおらない（苦境は非常な覚悟をもって発奮し、努力しなければ問題は解決しない）』という言葉がある。この言葉は、私たちにとって実にこの上ない良薬と言える。しかし、この意味については、真に志を立てた者でなければ理解できないであろう。なぜならば、今、一般の人たちに共通する気持を推察すると、善を好み悪をにくむのはもちろんそうだが、ほとんどが世間並の人間になりたいと思うまでである。とても百人や千人や万人に傑出した人物になろうと思う者は少ないのである。

（中略）

一般の人たちの人情は、自らが実践しようということはせずにいて、好んで当てにもならない大言を述べ、聖人となるとか、立派な国にするとかの重大な問題をまるで茶漬けを食べるように軽く言うのである。このようなことでは目がくらむほどの強い薬の効果など知ることはできないだろう。私たち自身がこれをよく反省する時、背中に汗が流れ、顔が赤面してしまって、身の置きどころがなくなってしまうはずだ。こうして、この言葉は私にとって良薬と言えるのだ。

孟子の言葉は『書経』にあるものとして、滕《とう》の国の太子であった文公を励ますときに使った（滕文公章向上）。孟子は、小国の太子である文公が自国を治めることに自信がなさそうなので、あなたが発奮して大いに修養していけば理想の政治家とされる堯にもなれるのだと励ますのである。

吉田松陰は、この言葉はいかにも重要だが、ふだんから真剣に学び考え、いかに自分が社会のために動くかを考えていないと、その重要さもわからないだろうと警告する。

今はほとんどの人がそうだが、幕末の大動乱期でさえ、国をどう変えていくか、そのために役立つ大人物になるぞなどというが、ほとんど口先だけの人が多いことを嘆くのである。こういう人はそれがどれだけ大変なことかもわかるはずもない。だからいくら目がくらむような薬をのもうが、人が大発奮しようがピンとこないのである。まるでビールのつまみ（松陰はお茶漬けというが）を口に入れるくらいの重さの問題としか考えられないのである。

世間話や酒場での政治、社会論議は、ほとんどこのようなものであろう。

しかし、その中でもほんの少数であっても、世の中のことを考え、自らをそのために役立てようと励んでいる人はこの孟子の言葉や松陰の教えに、ハッとさせられ、大いに反省させられ、もっと努力しようと覚悟するのである。

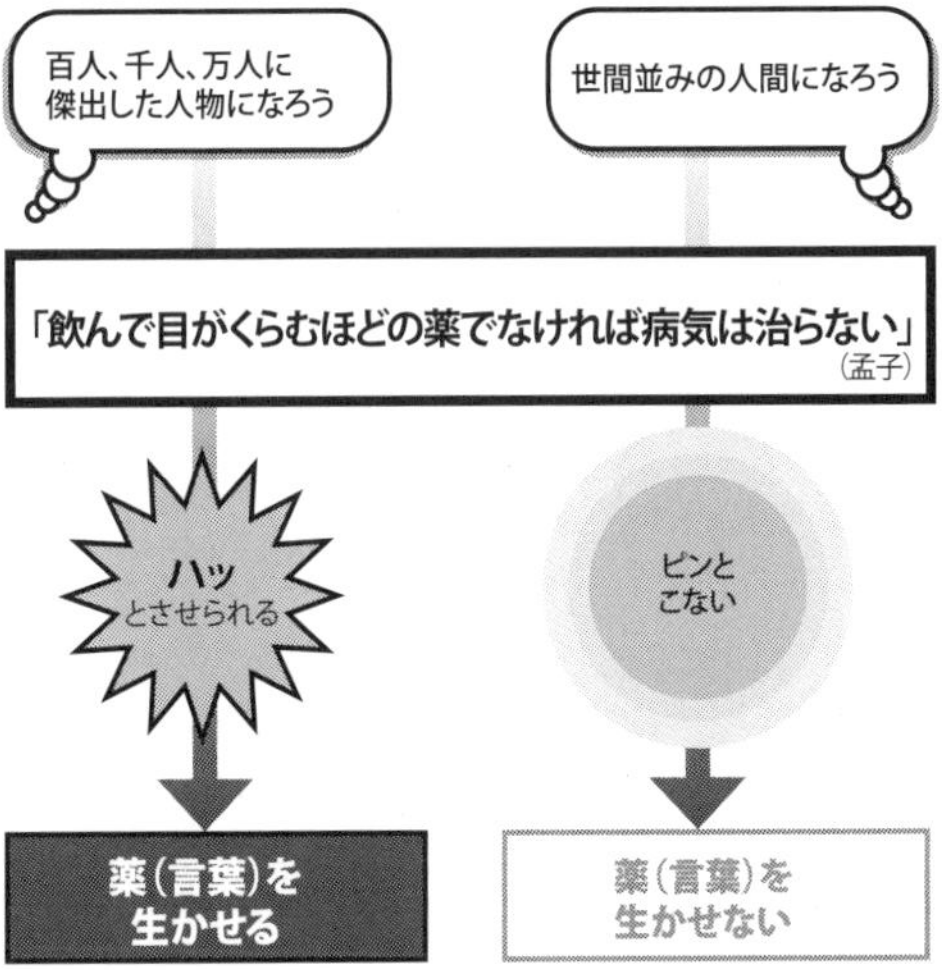
百人、千人、万人に
傑出した人物になろう
世間並みの人間になろう
「飲んで目がくらむほどの薬でなければ病気は治らない」
(孟子)
ハッ
とさせられる
ピンと
こない
薬(言葉)を
生かせる
薬(言葉)を
生かせない

# 小さな欠点を見て人材を見捨てるな

▼聖人の詞《ことば》にも「備《そな》はらんことを一人に求むるなかれ」とあり、又「人を用ふるに及んでは、之《これ》を器にす」と言えり。器とは、車は陸にて用いて水に用ふべからず。舟は水に用ひて陸に用ふべからざるが如《ごと》く、人々得手不得《えてふえ》てがあるを知りて、之を用ふることとなり。呉起《ごき》が如き、残忍の人なれども、魏国《ぎこく》に之を用ひて西河《さいが》の勲を著《あら》はし、陳平《ちんぺい》が如き、貪欲《どんよく》の人なれども、高祖《こうそ》之を用ひて六たび奇計を出せしとなり。忍と貪とを以て二子を棄《す》てては不可なり。古語にも「庸謹《ようきん》の士を得るは易《やす》く、奇傑《きけつ》の士を得るは難《かた》し」と云へり。小過《しょうか》を以て人を棄てては、大才《たいさい》は決して得べからず。

（嘉永二年六月四日　武教全書講章）

聖人である孔子の言葉にも「一人の者に対して何もかも完全に備わっていることを求めてはいけない」（微子第十八）とあるし、また「君子は人を使うときは、その人の器に合った仕事をさせる」（子路第十三）ともある。「器」とは、車は陸で使うが水上では使わないし、舟は水上で使うが陸で使わないように、人もそれぞれ得手と不得手があることを知って、これをうまく使うことである。呉起（戦国時代の兵法家）のように残忍な面もある人間でも魏において登用され、西河にて手柄を立てたし、陳平（漢の高祖に仕えた将軍）のようにどん欲の人間であるが、高祖はこれを登用して六度も奇策を用いて功を立てたのである。それぞれの欠点を見て二人を切り捨ててはいけないということだ。古い言葉にも「庸謹の士を得るは易く、奇傑の士を得るは難し」（平凡で実直な者を得ることはたやすいが、大事のときに頼りになる傑物はなかなか得られない）とある。小さな欠点を見つけて人材を見捨てているようでは、大才の人物は決して得ることができないだろう。

人間社会は役割分担である。また時と場所においても求められる人材は異なる。平時においては実直で平凡な人が重宝され、特徴のありすぎる人は変わり者とか生き方べたとか言われるだろう。幕末に活躍した高杉晋作は今の時代であれば奇行の天才児、たとえば角川春樹のようかもしれないし、西郷隆盛は、田舎の純朴などこまでもお人好しの農家の主人かもしれない。

実は、有事あるいは変革期に活躍するのはこうした〝奇傑の士〟なのである。

不幸にも太平洋戦争時の政界、財界、軍部は藩閥、軍閥、学歴主義による〝庸謹の士〟がリーダーとして事にあたってしまったのである。

このことを見てもわかる通り、人それぞれ向き不向き、役割分担があって、その人材をどう活用するかが、難しいけれども重要な問題なのである。

27

# 書物の中のよい言葉は反復し、熟思して自分のものとせよ

▼「志士は溝壑《こうがく》に在ることを忘れず、勇士は其《そ》の元《こうべ》を喪《うしな》ふことを忘れず」。書を読む必要は、これらの語において反復熟思《はんぷくじゅくし》すべし。志士とは志達《したつ》ありて節操を守る士なり。節操を守る士は、困窮するは固《もと》より覚悟の前にて、早晩も飢餓して溝谷《こうこく》へ転死することを念《おも》うて忘れず。勇士は戦場にて撃死《うちじに》するは固より望む所なれば、早晩も首を取らるとも、顧みざることを念うて忘れず。いやしくも士と生まれたらん者は、勇士とならずんば、恥づべきの甚《はなは》しき者なり。

（安政二年八月二十一日　講孟箚記）

「志士は溝壑に在ることを忘れず、勇士は其の元を喪ふことを忘れず」とは、『孟子』の中で孔子の言葉として引用されているもので、「志士は道のためには死骸が葬られることなく溝や谷間に棄てられるようなことは覚悟している。勇士は義のためにはいつでも首を取られてもかまわないことを覚悟している」という意味である。

書物を読むとき肝要なことは、このような言葉を反復し、そして熟思して自分のものとすることである。志士というのは、大きく立派な志を持ち、どんな状況に置かれても節操を守る人物のことである。節操を守る人物は、困窮することはもちろん覚悟しているし、いつでも飢えて溝や谷へ転げて死んでもよいとの覚悟を忘れないのだ。勇士は戦場で撃死することは望むところであるから、いつ首を取られようとかまわないという覚悟を忘れないのだ。いやしくも士《さむらい》（あるいは道を志す者）として生まれたからには、以上のような志士、勇士とならなければ恥ずかしくてしかたないこと当然のことであろう。

「志士は溝壑に在ることを忘れず、勇士は其の元を喪ふことを忘れず」とは孟子の中に出てくる有名な言葉である。吉田松陰いわく、このような重要な言葉をよく読み、口に出し、思索し、自分のものとすることが読書のもつ大きな意義なのである。

昔から本を読んでも何の役にも立たないという論者はいる。たしかに、それは慢然と読みあるいは他人への知識の見せびらかしのためであるならばそうだろう。

しかし、強い問題意識があれば、読書は、その人にとってよりよい自分をつくるための大きな武器となるのである。

なお、孟子の中に出てくる先の文の前において「国都の臣」と「草莽の臣」という言葉が出てくるので一言したい。士であって主人に仕えることなしに都会に住むのを「市井の臣」といい、地方（田舎）に住む者を「草莽の臣」というが、松陰の有名な「草莽《そうもう》崛起《くっき》」、つまり全国の地方に住む志士たちが志のために立ち上がることで世の中を変えるのだという叫びは、おそらく孟子をくり返し読み込んでいるうちに、熱い血潮と混ざって生まれてきたのであろう。

読書と言葉は、志の高い人、問題意識の高い人にとってどれだけ有意義かわからないのである。

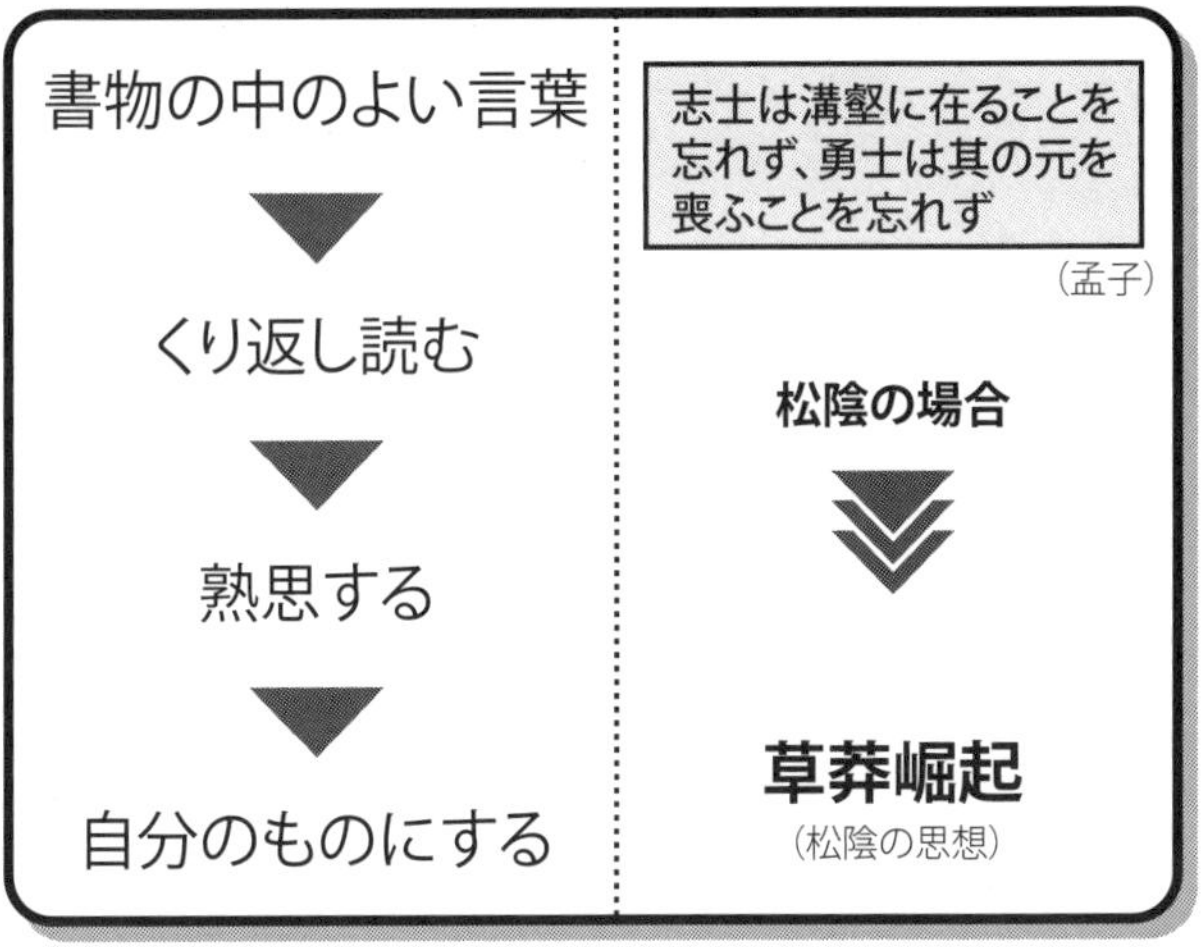
書物の中のよい言葉
くり返し読む
熟思する
自分のものにする
志士は溝壑に在ることを忘れず、勇士は其の元を喪ふことを忘れず
（孟子）
松陰の場合
草莽崛起
（松陰の思想）

# 人は世の中に役立つことに価値がある

▼世に身《み》生きて心《こころ》死する者あり、身亡《ほろ》びて魂存《たましいそん》する者あり。心死すれば生くるも益なし、魂存すれば亡ぶるも損なきなり。また一種大才略《いっしゅだいさいりゃく》ある人、辱《はじ》を忍びて事をなす、妙《みょう》。又一種私欲なく私心なきもの生を偸《ぬす》むも妨げず。死して不朽の見込あらばいつでも死ぬべし。生きて大業の見込あらばいつでも生くべし。

（安政六年七月中旬　高杉晋作への手紙）

この世には、たとえ体は生きていても心が死んでしまっている者もいるし、身は亡くなってもその魂が残って世の中に影響を与える者もいる。心が死んでしまった者は生きていても何の役にも立たず、反対に死んでもその魂が存在していれば、それは社会に役立っていると言えよう。また、大きな才略を持っている人が恥を忍んででも事を成し遂げようとすることもすばらしいことだ。そして私欲ない者が生き抜いて何か役立つことをしようというのもいい。死んでその魂が朽ちることがないのであれば、いつ死のうとかまわない。反対に生きて大業を成し遂げる見込みがあるならば、いつまでも生きればよいのだ。

この高杉晋作への手紙は江戸の伝馬町獄から出されたものである。吉田松陰はこの三ヶ月後に処刑されている。この時点ではまだ死刑に処せられるとは思っていないものの、やはり死とは何かを考えることがあったにちがいない。

高杉晋作はこの時期江戸に藩より〃留学〃を命ぜられていて、物心両面から師吉田松陰のために奔走した。それとともに書簡を通じての師との対話で自らも学んだ。その後の行動は吉田松陰の教えを自問しつつのものであった。

さらに吉田松陰の言うように、身は滅んでも魂は残って世の中に影響を与えるという考え方は後世の人たちの魂にインパクトを与えつづけた。その影響は、よきにつき悪きにつけ、それぞれの者が松陰先生の教えによると言った。

三島由紀夫の死への行動もそうであったようだ。また太平洋戦争で死に赴く若者たちが心の支えにした「大和魂」や「留魂」の言葉もそうである。

世のために役立つためならば死んでもその心と魂は永遠に生きつづけるという励ましは、人が善なる道をつきすすむ勇気となるのはまちがいない。

# 一時のへこみは次への成長のためにある

▼家君欣然《かくんきんぜん》として曰《いわ》く、「一時の屈《くつ》は万世《ばんせい》の伸《しん》なり、いずくんぞ傷《いた》まん」と。

（安政五年　父杉百合之助が入獄する松陰に与えた言葉）

父上が欣然として（笑えんで励ますように）、言われた。「一時の屈（屈してしゃがむこと＝失敗や苦難）は、次からの万世に伸びていくためのものである。どうして嘆き悲しむことがあろうか」

「欣然」とは、一般にはつらいこと嫌なことと思われることに喜んで自らを進んで向かうようなニュアンスが含まれる言葉である。

吉田松陰の父杉百合之助は松陰幼児のころより厳格な教育をほどこしてきたが、松陰を愛すること尋常ではなかった。その才と性格を認め信じ、国のために突っ走る松陰をハラハラと見守りつつも、どこまでも支援した。杉家の不思議は、父およびその兄弟である玉木文之進、そして母、さらには兄妹たちみんなが〝国家犯罪人〟たる松陰の生き方を尊敬したということである。

　松陰自身も牢獄に入ることを恐れもしないし、自らの行動をその恐れのために制約もしない、牢獄に入ることさえ勉強の場、自己向上の場ととらえていた。

　そのうえに、ここにあるような父の言葉である。人間伸びないわけがない。

30

# 過ちを改めることが人を貴くしていく

▼士は過《あやま》ちなきを貴《とうと》しとせず、過ちを改むるを貴しと為す。（安政元年冬「幽囚録」）

士（武士あるいは道に志す人）は、過ちがないことを貴いとするではなく、過ちを改めることを貴いことと考えるのである。

人は過ちや失敗を犯し、そしてそれを改めることで初めて成長できる存在である。過ちや失敗を犯さないということは何もしていないのと同じである。

吉田松陰は武士や道に志す人というのは、それを決して忘れるなと言うのである。なお、この過ちに対する考え方は孔子、孟子もほぼ同じである。それを吉田松陰もわが信条とした。

たとえば論語では次のように言う。

「子曰く、過ちを改めず、是れを過ちと謂う（孔子は言った。過ちを犯して、その過ちに気づいたのに改めないのが、本当の過ちである）」。

松陰先生は、教え子たちの過ちも、それが人生の成長過程ととらえて、暖かく指導していったのである。

**人の貴さ**

**過ちのない人 ＜ 過ちを改める人**

# 徳のある人は困窮しても栄達しても志を成し遂げていく

▼孔子曰く、「徳孤《こ》ならず、必ず隣《となり》あり」と。徳に非《あら》ずんば以《もっ》て隣を得ることなく、隣に非ずんば以って事を成すことなし。故《ゆえ》に才《さい》を以てせば則ち不才者《ふさいしゃ》忌《い》み、能《のう》を以てせば無能者《むのうしゃ》妬《ねた》む。人をして妬みから忌ましめば、何ぞ以て隣を得て事を成すに足らんや。士、達しては天下を兼《か》ね善《よ》くし、窮しては其《そ》の身を濁《にご》り善くす。濁善《だくぜん》の志ありて、而《しこう》して後兼善《のちけんぜん》の業あり。窮達《きゅうたつ》を貫きて而して志業《しぎょう》を成すもの、其れ徳のみ。

（安政二年七月　徳、字は有隣の説）

孔子は、「徳のある人は決して孤立することはない。必ずその徳を慕ってくるよき人があるものだ」（里仁第四）と言った。徳によならければ、真の同志を得ることはないし、同志がなければ事を成すこともできないのである。

これに対し、自分の才（頭のよさ）を誇って事を成そうとすると人に嫌われ、能（実力）を誇示して事を成そうとすると人にねたまれるだろう。人がねたみ嫌えば、どうして同志を得て事を成し遂げられようか。

士（武士あるいは道に志す者）は、自分のめざす地位を得たならば、天下国家をともによくしていくことに力を尽し、そうでなくて困窮しているときは、まず自分自身を正しく成長させることに力を尽せばよいのである。こうして自分自身を正しく成長させていくという志を成し遂げ、そして後に天下国家の事に役立つのである。困窮と栄達を通して志を成し遂げさせるのも、それは徳だけなのである。


すべての道は徳によって開かれ目的に達することができると、吉田松陰は教える。

徳とは人の正しい生き方を修め実践することであるが、この徳の力への信頼は古今東西の聖人偉人に共通するものである。

「人の正しい生き方」と言ったが、具体的に言うと、自分の利益のみを考えず、力のある人ほど他人の利益を考えていこうとする生き方である。しかし吉田松陰も言うように、まずは自分をしっかりさせることである。人は困窮することもあるだろう。そういう時は、世のため人のためと無理に生きることはないのだ。

自分の人生を自分の思うよき方向に一歩一歩進めばいい。しかし、夢や志は決して忘れない。いつの日か、自分が成長し、チャンスが来れば、それを積極的につかむのである。

意欲さえあれば、夢さえ忘れなければ、必ずチャンスは来る。その日のために今日を誠実に生き、学び、徳を積んでいくのである。

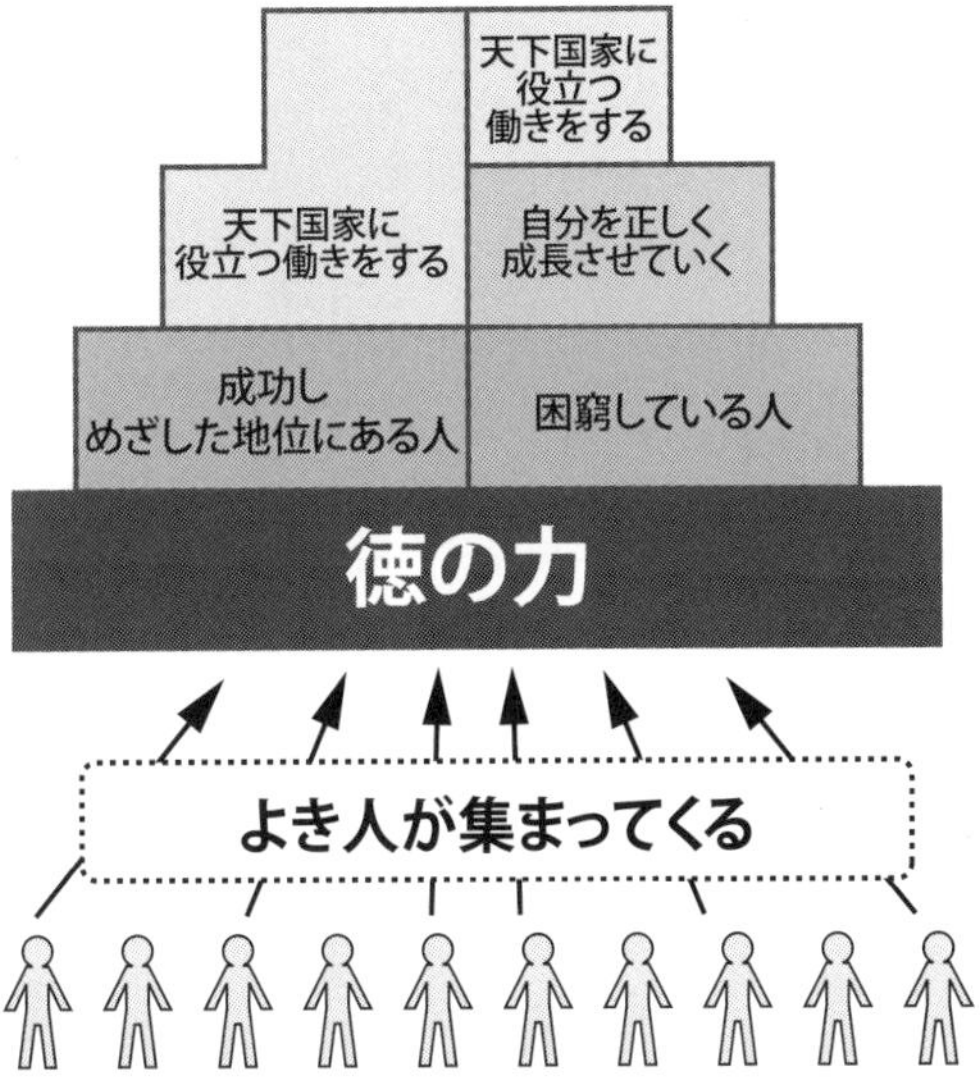
天下国家に
役立つ
働きをする
天下国家に
役立つ働きをする
自分を正しく
成長させていく
成功し
めざした地位にある人
困窮している人
徳の力
よき人が集まってくる

# リーダーは広く賢人と交わり、広く読書をせよ

▼四目《しもく》を明《めい》にし、四聡《しそう》を達すとは、古聖《こせい》の明訓《めいくん》なり。而して其《そ》の道二《ふたつ》あり。天下の賢能に交《まじ》はり、天下の書籍を読むに過ぎず。

（中略）

恐れ多くも洞春公《どうしゅんこう》は厳島《いつくしま》にてはひそかに山本勘助に会面《かいめん》し給《たま》ひ、雲州《うんしゅう》にては京医道三《どうさん》に政道の得失を上言し給ひし等伝説を承《うけたまわ》り及《およ》べり。有志の君、千古《せんこ》一道《いちどう》、要は目を明にし聡を達するに帰すると、ひそかに感嘆し奉《たてまつ》る所なり。

（嘉永六年　将乃私言）

広く四方に目を配って観察し、広く四方の人々の声を聞くというのは昔の聖人（孔子）の教えである。そのためには二つの道がある。一つは天下の賢者と広く交わること。もう一つは広く読書をすることである。

（中略）

恐れ多くも洞春公（毛利元就《もとなり》公）におかれては、厳島においては、ひそかに軍師山本勘助と面会され、出雲においては京の医師一渓《いっけい》道三に政道のことを助言させておられるという言い伝えを承っている。このように志ある名君というのは、いつの世も同じ一つの道であり、それは、広くの世の中を観察し、よく人々の意見を聞くことであると私は感嘆するのである。

吉田松陰は脱藩の罪で家禄を没収されていた。ただし実家である杉家の預りの身分でありしかも諸国遊学の許可ももらっていた。これは藩主であった毛利敬親《たかちか》の松陰への恩情でもあった。

しかし、じっとおとなしくしている人間ではない吉田松陰は、ペリーの来航を見て国家として藩としての対策をまとめ、個人的な意見として藩主へ提出した。これは他の藩士たちの助力によってなされたが、反発する藩士たちも多かった。

この意見書の中には兵のことや兵器のことも述べるが、ここにあるようにトップリーダーとしての心がまえまで説いている。普通の主君だったら許されないことだろうが、長州藩や毛利候の性格、そして松陰の至誠の精神はよく通じていたため、毛利候は、これからも松陰からの意見書は自分に回すようにと指示した。

ところで松陰は、名リーダーの心得はいつの時代も同じであって、それは「広く世の中を観察し、よく人々の意見を聞くことだ」という。そして具体的に①天下の賢者と広く交わることと、②広く読書をすることを挙げている。

## よきリーダーのあり方

| 心得 | ① 広く世の中を観察する<br>② よく人々の意見を聞く |
| --- | --- |
| 方法 | ① 広く賢人と交わる<br>② 広く読書する |

33

# 簡単にできあがるものは壊れやすい

▼進むこと鋭き者は退くこと速《すみや》かに、成ることと易《やす》き者は壊《こわ》るることと脆《もろ》きは、物の常なり。ここを察せざるべからず。孟子曰《いわ》く「山径《さんけい》の蹊《けい》、しばらく介然として之《こ》れを用ひば而《すなわ》ち路《みち》を成し、しばらくも用ひずんば、則ち茅《かや》之《こ》れを塞《ふさ》ぐ」と。然らば則ち路一《みちひと》たび成らば、人をして之《し》を用ひて絶えざらむに如くはなし。

（安政二年四月　清狂に与ふる書）

進むことの鋭い者は退くことも速い。でき上がることの簡単なものはもろくて壊れ安いのは、この世の真理である。このことをよく知っておかなければならない。また、孟子は「山の小道は、ある一定の期間、いつもそこを通ればそこに道ができる。しかし、しばらくこの道を用いなくなるとそこに茅《かや》などの草木がはえてこの道はふさがれてしまう（学問の道も同じでつづけていないとすぐにだめになる）」と言う。したがって道ができたならば、この道を常に歩みやめないようにしなくてはいけない（学問の道や正しい志の道は、途中で止めることなく励むことが大切である）。

世の中には、天才と呼ばれる人たちがいる。天才は生まれつきのとびぬけた才能だと見られている。

しかし、実は天才は生まれもった資質だけではないのだ。普通の人がとてもできないほどの努力を一日中、一年中、一生続けている人なのである。

中国では孔子や孟子などがその代表であろう。西洋ではよく知られるところではモーツァルトやピカソではないか。

まさに天から授けられたかのような才を生かし、後世に永遠に残るほどの仕事をしている。たとえばピカソは生涯数万点を超える作品を描いてる。長命であったが一日平均三点近くの絵を描いたことになる。

子供のころ何枚か描いて〝天才児〟と呼ばれる人たちは無数にいるが、毎日何枚も何十年も描きつづけることができる人はいない。だから天才児が真の天才になるのは簡単ではない。

吉田松陰が述べるように、天才とまで言わなくても社会において役に立つ、人に信頼される一角《ひとかど》の人間になるには、地道な勉強・努力の継続が必要なのである。

また、孟子も言うように山の小道もいつも通らないとすぐ道は消え、どこにあったかわからなくなる。書物に学び、それを実践するということはそうならぬよう一生続けていたいと思う。

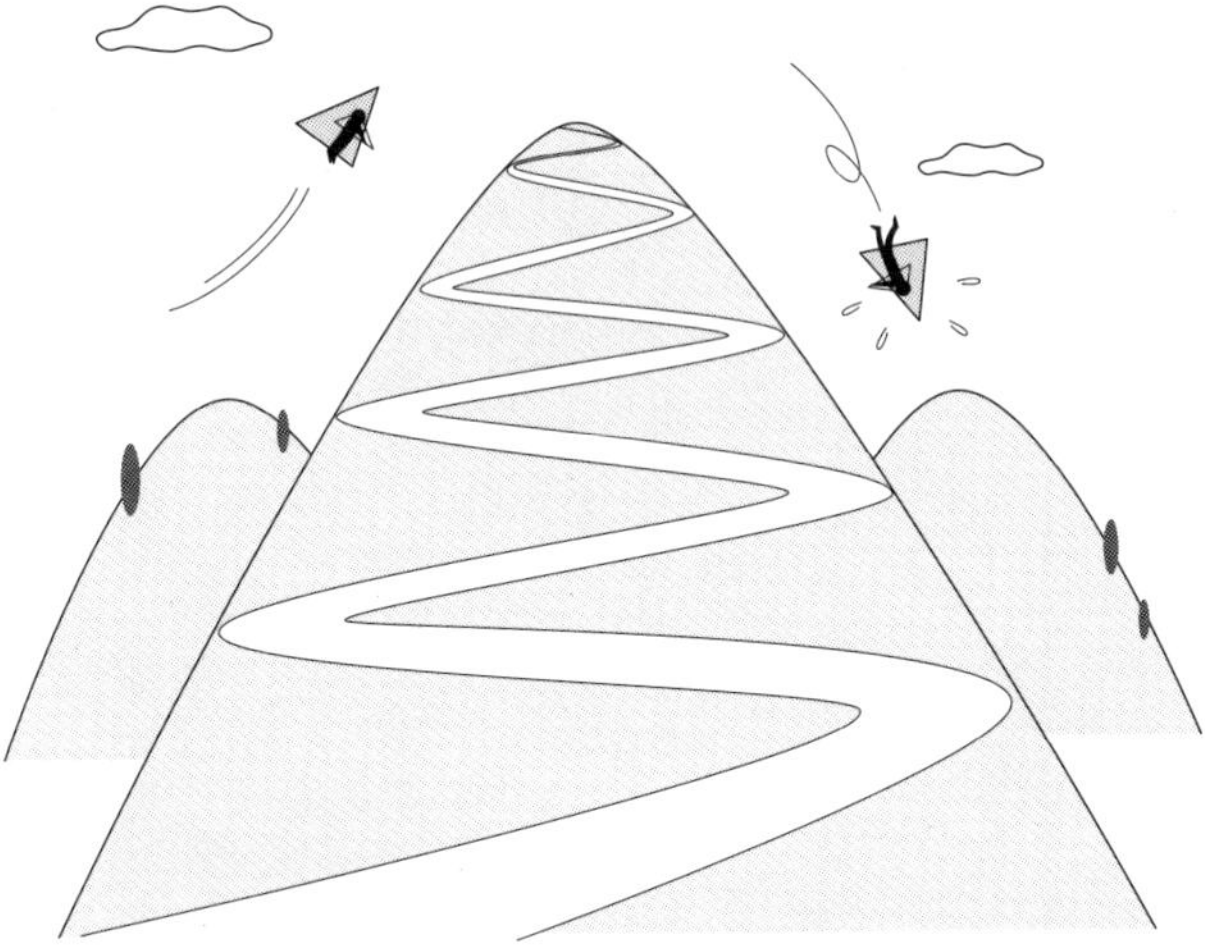

# 日本人は天皇の前に皆同じ存在である

▼「湯武放伐《とうぶほうばつ》」の事は、前賢《ぜんけん》の論具《そな》はれり。然《しか》れども試みに見る所を陳《ちん》ぜん。およそ漢土《かんど》の流《りゅう》は、皇天下民《こうてんかみん》を降《くだ》して、是《これ》が君師《くんし》なければ治まらず。故《ゆえ》に必ず億兆《おくちょう》の中に択《えら》びて是《これ》を命ず。堯舜《ぎょうしゅん》湯武の如《ごと》き、その人なり。故にその人職《しょく》に称《かな》はず、億兆を治むること能《あた》はざれば、天また必ず是を廃す。桀紂《けっちゅう》・幽厲《ゆうれい》の如き、その人なり。故に天の命ずる所を以《もっ》て天の廃するところを討つ。何ぞ放伐に疑はんや。本邦は則ち然《しか》らず。天日《てんじつ》の嗣《し》、永《なが》く天壌《てんじょう》と無窮《むきゅう》なる者にて、この大八洲《おおやしま》は、天日の聞き給《たま》へる所にして、日嗣《ひつぎ》の永く守り給へる声なり。故に億兆の人、宜《よろ》しく日嗣と休戚《きゅうせき》を同じうして、また他念あるべからず。

（安政二年七月六日　講孟箚記）

湯王が夏《か》の桀王を、武王が殷《いん》の紂王を放伐（王を帝位から追放すること、いわゆる易姓《えきせい》革命）したことについては、昔から賢者たちが十分論じてきているが、試みに私の見方を述べてみたい。

およそ中国の流儀は次のようなものだ。天が人間を地上に降したものの、それを治めるには君となり師となる人物が求められる。そこで億兆の（多数の）人々のうちから傑出した人を選んでこれを指導するように命じるのである。帝堯や帝舜や湯王のような人たちである。このゆえに、その人物がその職責にふさわしくなく、人々を治めることができない場合は、天もまた必ずこの人物をその地位から引き下ろすことになる。桀《けつ》王、紂《ちゅう》王のごときがそれである。ゆえに天の命ずる指導者を天の命ずるところにしたがって廃し、討つのであるから「放伐」ということに何の疑問もないのである。

わが国は、これとちがう。天照大神の御子孫が天地とともに永遠にましますのであって、この大八洲《おおやしま》（日本の国土）は、天照大神が開かれ、その御子孫、すなわち天皇が末永く守られるものなのである。それゆえに、日本人は天皇とともに喜びも悲しみも一つのものに感じて、他念を持つようなことがあってはいけないのである。

中国の歴史は王朝交代の歴史、革命の歴史である。共産主義者であるはずの毛沢東でさえ〝皇帝〟だった。ラストエンペラーは「溥儀」（宣統帝）ではないようだ。

毛沢東死後の権力者鄧小平が死去したとき、中国の友人が「最後の皇帝鄧小平」というタイトルの本を出そうとしたが、〝次の〟権力者（皇帝）からの何かしらの報復を恐れて止りやめたことがある。

このように中国では最高の権力者（皇帝）はくるくる変わる。孟子が言うように、民に支持されない、民に見放され王は、もう王とは呼べない存在なのである。だから放伐してよいのだとなる。

徳川幕府はこうした革命を当然のことと認める孟子の教えが武士の間に浸透することを恐れ禁書にしたかったようだが、武士たちは孟子をよく学んだ。

しかし、そうなると、日本の天皇はどう見るべきなのかという問題が出てくる。

天皇は、日本の開国以来の（神話時代からの）綿々とつづく一世の存在であり、日本国民の大もとである。決して中国の皇帝とはちがうのである。だから〝皇帝〟ではなく〝天皇〟なのである。

西洋人はキリストの前に平等だが、日本人は天皇と一体の存在、言いかえると天皇の前に皆同じ存在なのである。皆が一体となってこの国を守り発展させせなくてはいけないのだ。

こう考えるのが吉田松陰であるし、江戸期以来の日本人の一般通念であった。

戦後は、天皇は国民統合の〝象徴〟であるが（日本国憲法第一条）、これは、吉田松陰の考えと異質のものではない。

明治の名著『武士道』で、新渡戸稲造は述べた。

「神道の自然崇拝は、私たちの奥深くにある魂が日本の国土を強く慕うようにさせていった。また神道の祖先崇拝は、家系をたどっていくことで、皇室が全国民の始祖であることをわからせた。私たちにとって国土とは金鉱を採掘したり、穀物を収穫したりする土地以外の価値あるものなのである。それは神々、すなわち私たちの祖先の霊の神聖なる棲《す》み家《か》なのである。

また、私たちにとって天皇は法治国家の警察の長ではなく、文化国家の保護者でもない。天皇は地上において肉体を持つ天の代表であり、天の力と仁愛を備えておられるのである。

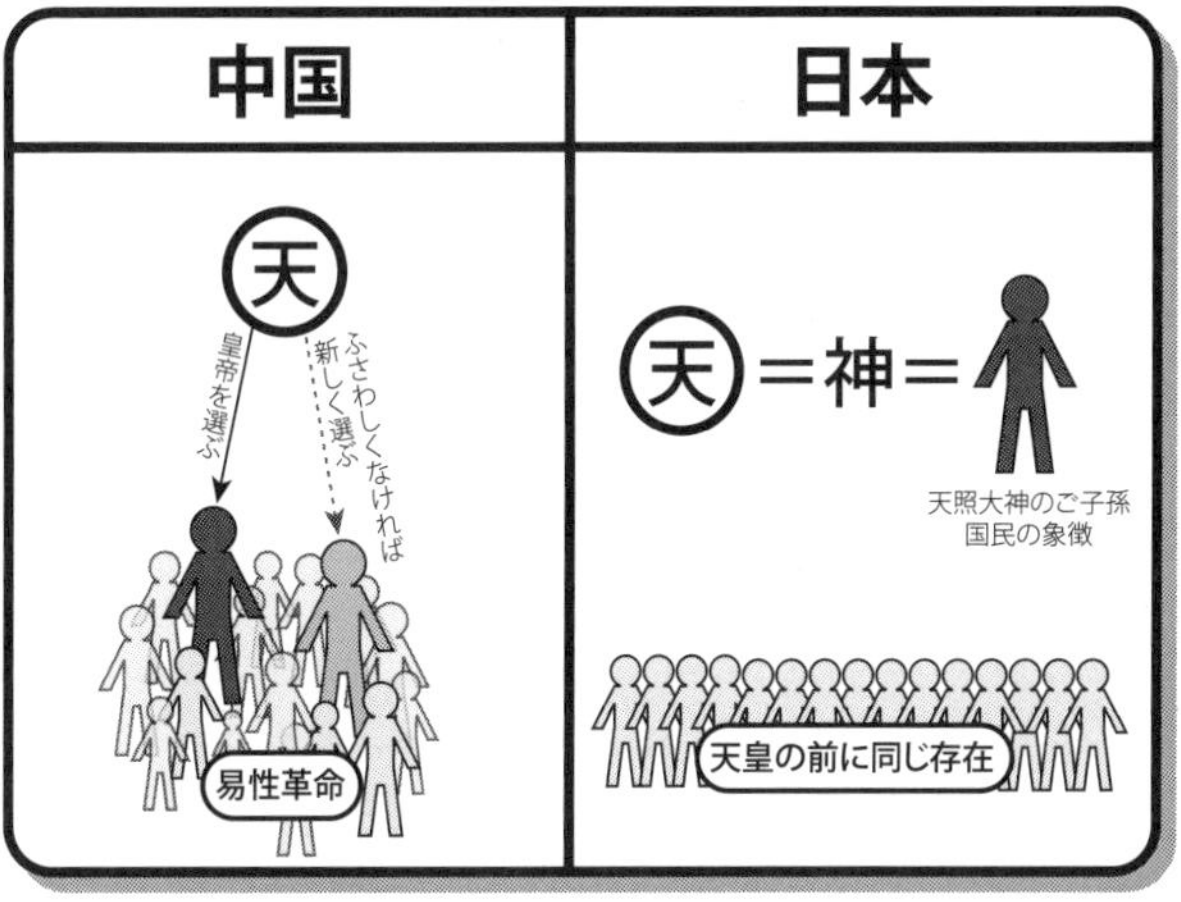

ブートミー氏（フランスの教育者）がイギリスの王室について、『それは単に権威の像（イメージ）であるだけでなく、国民統合の創始者であり象徴である』と言っていることが真実であるとすれば（私は真実だと信じているが）、このことは日本の皇室については二倍も三倍も強調するべきであろう」（拙著『新訳武士道』参照）。

神代の時代から天皇は権力者ではなく、日本という国の象徴、国民が一体で平等であることの大前提の存在なのである。

# 道義をもととして物事に屈しない気概を持て

▼浩然《こうぜん》は大の至れるものなり、「至剛《しごう》」とは浩然の気の模様なり。「富貴《ふうき》も淫《いん》する能《あた》はず、貧賤《ひんせん》も移す能はず。威武《いぶ》も屈する能はず」と云う、即《すなわ》ち此《こ》の気なり。此の気の凝《こ》る所、火にも焼けず水にも流れず。忠臣義士の節操を立つる、頭は刎《は》ねられても、腰は斬られても、操《みさお》は遂《つい》に変ぜず。高官厚禄《こうかんこうろく》を与へても、美女淫声《びじょいんせい》を陳《つら》ねても、節は遂に換《か》へず。また剛ならずや。およそ金鉄剛《きんてつごう》と雖《いえど》も、烈火《れっか》以てとかすべし。玉石堅《ぎょくせきけん》といえども鉄鑿《てっさく》以て砕《くだ》くべし。唯《た》だ此の気独《ひと》り然《しか》らず。天地に通じ、古今を貫き、形骸の外において独り存するもの、剛の至りに非《あら》ずや。

（安政二年七月二十六日　講孟箚記）

「浩然の気」の浩然とは、その気を最も大きくしたものである。そして「至剛」というのは、浩然の気のありさまのことである。孟子が

「富貴もその心を堕落させることができず、貧賤もその心を変えさせることができず、武力による威嚇《いかく》もおびえさせることができない」と言っているが、このことである。この気がしっかり固まると、その心は火にも焼けず水にも流れない。忠臣義士がその節操をしっかりと立て守るや、頭は刎ねられても、腰は斬られても、まったくこれが変わるところがない。高い地位や多くの収入を与えようとしても、目の前に美女をはべらせ情欲の声で誘おうとも、最後までこの節操は変わらない。何と剛なることであろうか。およそ金や鉄のように固いものでも強烈な火力で溶かし砕くことができる。玉石《ぎょくせき》は堅いと言っても鉄ののみで砕くことができる。しかし、その浩然の気だけはこれらとは異なり、天地のすみずみまで満ちて、古今を貫き、形を超越してただひとり存在するものである。何と至上の剛のものと言えようか。

「浩然の気」とはわかりにくい言葉である。孟子も弟子に「浩然の気とは何ですか」と問われ「曰《いわ》く言い難《がた》し」と答えてから説明しているほどだ。この「曰《いわ》く言い難《がた》し」は明治時代の流行語にもなったようだし、「浩然の気を養う」は、さらに男子の間でよく使われ、吉原のような場所に出かけ遊興することを「浩然の気を養いに行く」と都合のよい使い方をした。「浩然の気」の説明は、吉田松陰のここの文章が最もよいとの評価がなされている。辞書の中では、定義的には次のように書かれている。

広辞苑「①天地の間に満ち満ちている非情に盛んな精気、②俗事から解放された屈託のない心境」（※この②は先ほどの遊興の誤用に引っぱられているようだ）。

新潮現代国語辞典「①道義をもととして物事に屈しない気概、②小さなことにとらわれず、広々とした豊かな気持」。

松陰の説明の要約としては、それぞれの①をつなげたようなものになるだろうか。

つまり浩然の気とは「道義をもととして何事にも屈しない気概であり、その気概が非常に盛んな精気となって天地の間に満ち満ちているほどになっていることをいう」。

# どのような境遇にあろうと正しい道を貫いていく

▼「恒産《こうさん》なくして恒心《こうしん》ある者は、惟《ただ》士のみ能《よ》くすることを為す」と。この一句にて士道を悟《さと》るべし。

（中略）

但《ただ》し吾《わ》が徒、もとこれ士籍を汚《よご》すと雖《いえ》ども、其《そ》の士道に合せざる以《もっ》て、今黜辱《ちゅつじょく》せられて囚奴《しゅうど》となり、また士林《しりん》に歯《し》することを得ざるに至る。然《しか》れば世の真《しん》の武士より吾が徒を見ば、また士道あることなしとせんも当然なり。然れども汝《なんじ》は汝たり我は我たり。人こそ如何《いかん》とも言へ、吾願《われ》はくは諸君と志を励まし、士道を講究《こうきゅう》し、恒心を錬磨し、其の武道武義《ぶどうぶぎ》をして部門《ぶもん》武士の名に負《そむ》くことなからしめば、滅死すと雖《いえ》ども、万々《ばんばん》遺憾あることなし。豈《あに》愉快の甚《はなは》しき非《あら》ずや。

（安政二年六月二十七日　講孟箚記）

孟子は「一定の収入や財産が無くても、常に道を守りぬく心を持ち続けられる者は、ただ士すなわち学問・修養を志してそれを身につけた者にしてはじめてできることである」という。この言葉から、士（武士あるいは道に志した者）のあり方をよく理解しなくてはいけない。

（中略）

しかしながら、われわれは、もとは士籍にあったとは言え、士道に合わない点があったとして、しりぞけられて囚人の辱《はずかし》めを受けて再び武士の仲間に入れない境遇にある。こうして世の中の真《しん》の武士よりわれわれを見るならば、武士道などないとなるのも当然である。しかし、人は人、私は私である。他人は何とでも言え、私は願わくは諸君たちと志を励まし合い、武士道をよく学び、究《きわ》め、その道を守りぬく心を錬磨し、そしてその武道・武義によって、武士の名にそむくようなことはしないようにしたい。これができるならば、たとえこの身が獄中で滅死しようとも、まったく遺憾とするところはない。何と愉快極まりないことだろうか。


孟子の有名な言葉の一つである「恒産なくして恒心なし」とは「定まった財産や決まっ

た職業のない人は、定まった正しい心がない。物質生活は人の心に大きな影響を持つもので、それが安定しないと精神も安定しない」(「国語大辞典」小学館)という意味である。

だから施政者はそこをおろそかにするなと述べ、一方で、士たる者(道を志し徳を修めようとする者)は恒産がなくても心を正しくして道義を忘れないようにしようという。

これを受けて吉田松陰は、自分たち囚人は、武士から見れば武士道などあるわけがないということになろうが、そうであるものかとハッパをかける。他人は何とでも言え、我は我だとし、このような勉強会に励み、読書に励み、心身を鍛え、武士の中の武士として生きようと言う。事実、この牢獄にいる囚人たちは松陰の勉強会で覚醒し、後々まで活躍する人と育っていくのである。年齢も境遇も関係なく、それぞれの才を生かし育てていった。

吉田松陰の教育者としての至誠が孟子の教えを生き返らせ、獄中において奇跡を起こしたのである。

**恒産なくして恒心ある者は、**
**惟《ただ》士のみ能《よ》くすることを為す**（孟子）

一定の収入や財産が無くても、常に道を守りぬく心を持ち続けられる者は、ただ、士すなわち学問・修養を志してそれを身につけた者にしてはじめてできることである

**この一句に士のあり方をよく理解すべし**

37

# 学問や仕事は人を幸せにしていくためにある

▼仁は人なり。人に非《あらざ》れば仁なし。禽獣是《きんじゅうこれ》なり。仁なければ人に非《あ》らず。禽獣に近き是なり。必ずや仁と人とに相合《あいがっ》するを待ちて道と云うべし。世には人にして仁ならざる者多し。又人を離れて仁を語る者、最も多し。今の読書人皆是なり。是豈《あに》道とすべけんや。

（安政三年六月七日　講孟箚記）

仁は人の本質である。人でなければ仁はない。鳥や獣と比べてみるとよくわかる。したがって仁がない人は人の本質がないことになり鳥や獣に近いものとなる。こうして必ず仁と人とが一体となって、はじめて正しい道と言うことができる。しかし、世の中には人であるのに仁でない者が多い。また人から離れて仁を語る者がとても多い。今の読書人（学者や知識人）が皆これである。これでは正しい道とは言えないではないか。

「仁」とは論語においては最高の人格者を意味し、人の正しい道を学ぼうとするものがめざすべきものとされている。

孔子は仁とは何かを問われていくつかの答え方をしているが、結局は、社会において皆がよい関係をつくり、幸せに生きていくためにこうありたいという人格のことであろう。

たとえば、仁とは「人を愛す」ことである（顔淵第十二）。また、仁とは「己の欲せざる所は人に施すことなかれ（仁とは人への思いやりであるから自分のしてほしくないことは他人にしない）」（同上）である。

この後者は「恕《じょ》」とも言って、生涯大事にする一語であるともいう（衛霊公第十五）。

孟子も、「仁」を求めるためには「強恕」

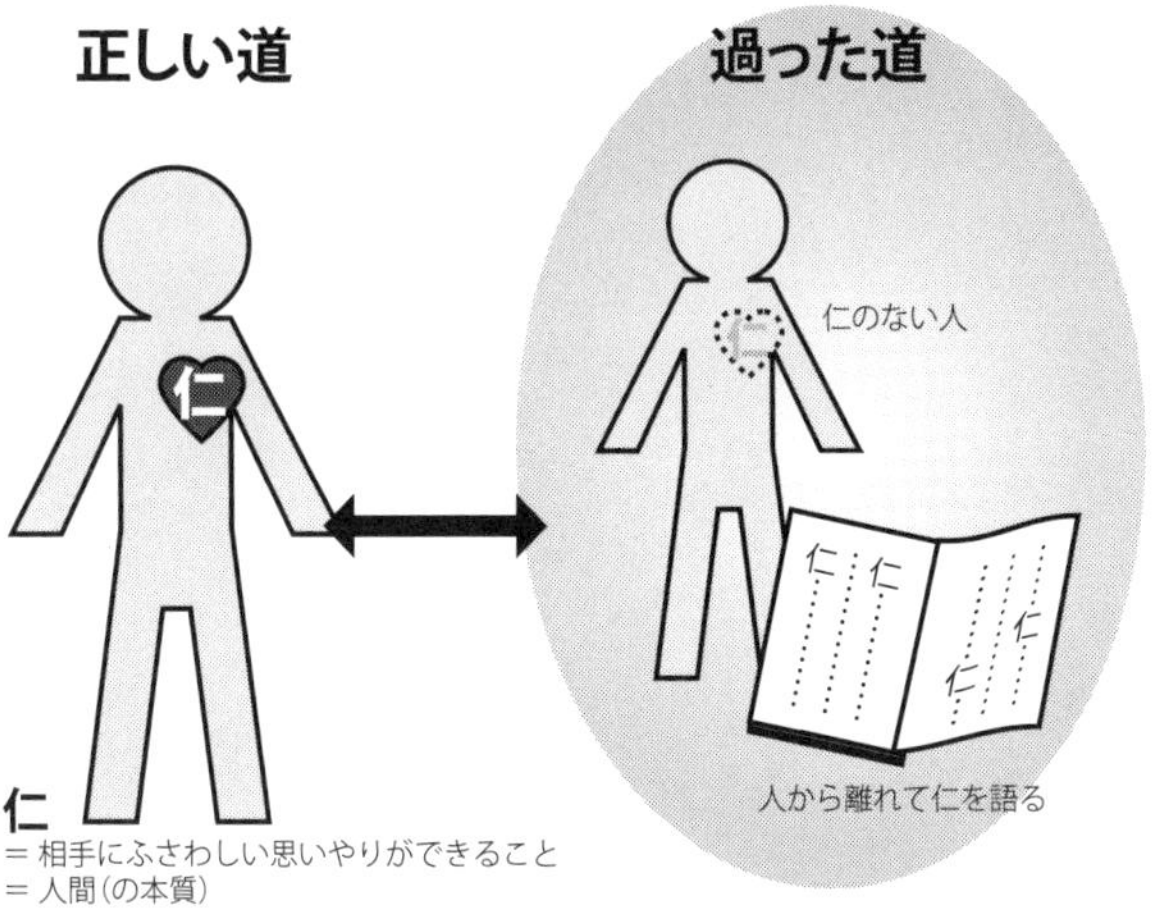

（自分から積極的に励み勉強して他人への思いやりを実践する）ことであると述べている（尽心章句上）。

動物とちがって人と言えるためには、この「仁」がなくてはいけないのに、世の中には甘えたつまらん者も多くいて仁がない人が多いと吉田松陰は嘆く。また、論語や孟子を語り論じながら、自らは仁の実践もできていないのに、人のことを批判しているものが多すぎると言う。

学問や仕事というのは人を幸せにしていくためにあるのに、自分だけの欲とか都合を考える学者や知識人が多すぎるのは今も昔も変わりないようだ。

# 心を養うために私欲・物欲を少なくしていけ

▼「心を養ふは、寡欲《かよく》よりも善《よ》きはなし」（孟子）。余《よ》、少時《しょうじ》深く此《こ》の章を愛玩《あいがん》す。蓋《けだ》し年十六七の時、『寡欲録』と云ふ随筆を著《あらわ》せんと欲す。僅々《きんきん》数件を筆して業を廃す。このごろこれを故紙《こし》中に得。其《そ》の叙言《じょげん》に云《い》はく、「孟子曰く、心を養ふは、寡欲よりも善きはなく、と。周子曰く、これを寡《すくな》くして以《もっ》て無きに至る、と。孟・周の言、学者に於《お》いてもっとも切なりと為《な》す。余因《よ》りて物欲の陥《おちい》り易《やす》くして悔《く》い難《がた》きものを雑録して自ら誡《いまし》む」。

（安政三年六月十日　講孟劄記）

「心を養うには寡欲（欲を少なくする）よりよいものはない」と孟子は言った。私は少年時代、この章を愛唱した。そして十六、十七才の時に『寡欲録』という名で文章をまとめようとした。しかし、わずか数項目書いて止めてしまっていた。このごろそれを反故紙《ほごし》の中から見つけたが、その序文に次のように書いている。
「孟子は心を養うには寡欲よりよいものはない、と言い、周子は欲を少なくしていってついに無くしてしまうと言っている。この二つの言葉は学問を志す者にとってもっとも切実である。そこで私は、物欲の陥りやすくて気づかず反省しにくいものを書き出してみて、自分自身を戒めようと思う」。

吉田松陰のこの文章を読んで、私はすぐにベンジャミン・フランクリン自伝の中の13徳の箇所を連想した（拙訳解説『人生を幸せへと導く13の習慣』参照）。その13徳とは、節制・沈黙・決断・節約・勤勉・誠実・正義・中庸・清潔・冷静・純潔・謙譲である。

若いころフランクリンは、これらの徳についてさらに詳しく書いて大作にしようと思っていくつか書きためていて、それをずっと持っていたらしいが、そのままになってしまったと述べている。これも吉田松陰と似ている。

さて、孟子のこの言葉だが、人は私欲が大きくなりすぎるといつも心が不満となって「あれが足りない、これが足りない」となりやすいことを戒めているのであろう。

私欲が多い人は他人へも冷たくなりやすい。なぜなら人よりもより多くというのが私欲だからだ。だから心を養うには、小欲がよいのである。

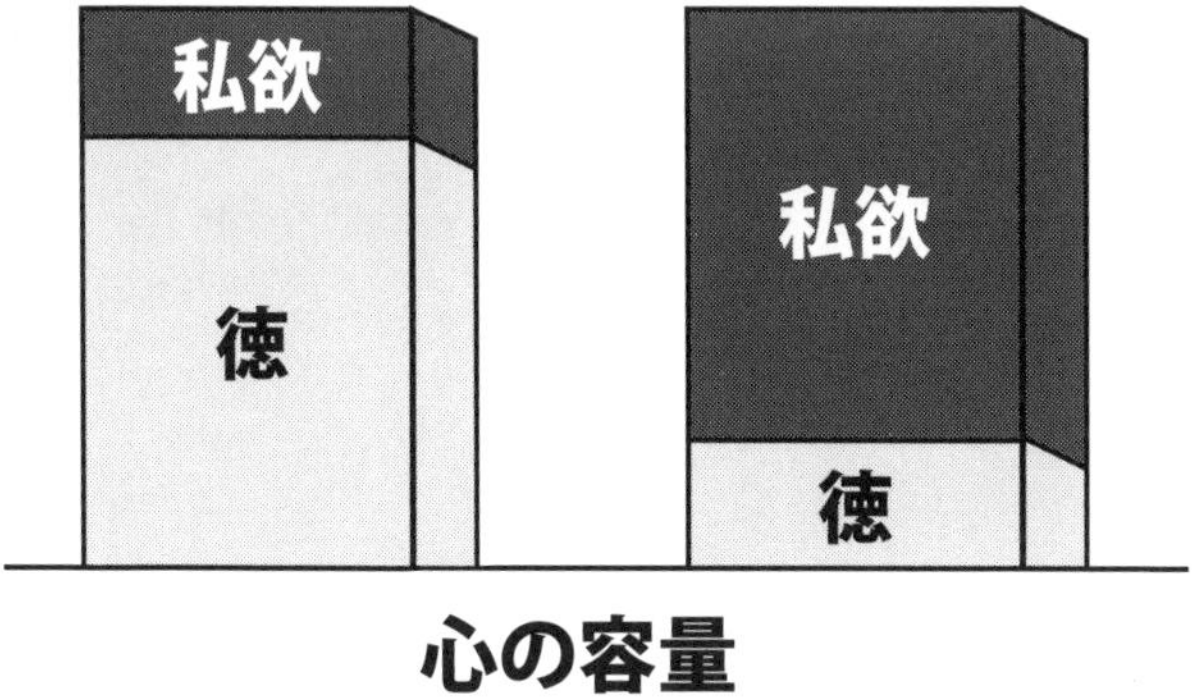

心の容量

# 問題の原因をまず自分に求めよ

▼「反求《はんきゅう》（反りて求む）」の二字、聖経賢伝《せいきょうけんでん》、百千万言の帰着《きちゃく》する所なり。「在身《ざいしん》（身に在り）」の二字も、また同じ工夫なり。天下の事、大事小事、此《こ》の道を離れて成ることとなし。

（安政二年八月二十九日　講孟劄記）

「反求（反りて求む）」の二字、つまり問題が起きれば自分にその原因がないかと反って考える、というこの語こそ聖賢たちの書物に無数に書かれている言葉の結論である。「在身（身に在り）」、つまりすべての問題の根本は自分にあるという語も、おなじような考え方である。天下の事は大小の別なく、この「反求」と「在身」の二語を離れて成し遂げることはできないのである。

孟子の名言を見てみよう。

「孟子曰く、人を愛して親しまれずんば、其《そ》の仁に反《かえ》れ。人を治めて治まらずんば、其の智に反れ。人を礼して答へられずんば其の敬に反れ。行って得ざる者有れば、皆これを己に反求す。其の身正しければ天下これに帰す」

（孟子は、言った。人を愛してもその相手がこちらに親しまなかったならば、自分の愛と思いやりがまだどこか足りないのではないかと反省しよう。人の上に立って指導してもうまくいかないときは、こちらの知恵と考えがどこか足りないのではないかと反省しよう。人に礼をつくしても相手からは礼が返されてこないときは、こちらの相手を敬う心がどこか足りないのではないかと反省しよう。このようにすべて自分の行うことがうまくいかないときは、自分にその原因があるのではないかと考えてみるようにするのだ。それができれば、自分自身

**聖人、賢人たちの教えの結論**

**反求：** 問題が起きれば自分にその原因を問う

**在身：** すべての問題の根本は自分にある

**この二語を離れては何も成し遂げられない**

がますます正しくなっていくし、天下のすべてのことも必ず自分の方につき従ってくるようになるであろう)。

私たち凡人は、ついすべてを人のせいにしてしまいがちである。だからふだんの戒めとして、孟子や吉田松陰のように、すべて自分の方に原因があるんだと反りみることは大切なことであろう。

しかし、世の中には、どうしようもない悪人や根性曲がりがいて、そういうとき、「私が悪いんだ」とは思いにくい。こういう人とは近づかないようにした方がいい。

だから孔子や吉田松陰が言うように君子(淑女も)はつき合ってよい人と悪い人をよく見分けつき合えということになるのだろう。

## 40

# 世間の評価にとらわれすぎるな

▼世間の毀誉《きよ》は大抵其《そ》の実《じつ》を得ざる者なり。然《しか》るに毀を懼《おそ》れ誉を求むるの心あらば、心を用ふる所、皆外面にありて、実事《じつじ》日に薄し。故《ゆえ》に君子の務《つと》めは己《おのれ》を修め実を尽すにあり。何ぞ世間の毀誉に拘《かかわ》らんや。全《まった》きを求むるも却《かへ》って毀を得、慮《はか》らずして却て誉を得る者なれば、毀誉何ぞ常にすべけんや。

（安政二年九月七日　講孟箚記）

世間の毀誉（批判・悪口や評価・賞讃）は、大ていあてにならないものである。それにもかかわらず人に毀《そし》られ（悪く言われ）ることを恐れ、誉められたいと求める心があるとすると、すべて見せかけのものに心を奪われ、真実のことから日に日に遠ざかって中身の薄いものになってしまう。したがって君子（道に志した立派な人間）の努めは、自分の身を修め、真実を求めそれを尽くしていくことである。どうして世間の毀誉にかかわっていられようか。完璧なものをめざして努力していてもかえって毀《そし》られたり、思いもかけずに誉《ほ》められたりすることもあるのであるから、毀誉を絶対のものとしてとらわれてはいけないのである。

わかっていてもなかなかむずかしいのが、人の自分への言葉や評価を気にしないことである。

なぜなら人は社会の中でしか生きられず、特にまわりの人を無視して生きるのは困難だからである。

しかし、だからと言って、ほとんどいいかげんである他人からの評価や他人の言動をいちいち気にしていたら自分の大切な人生の進路をまちがってしまうことにもなる。だから、ここにあるような吉田松陰の言葉などを日々読み励ましにして、自分の進むべき正しい方向を目ざしていかなくてはならないのである。

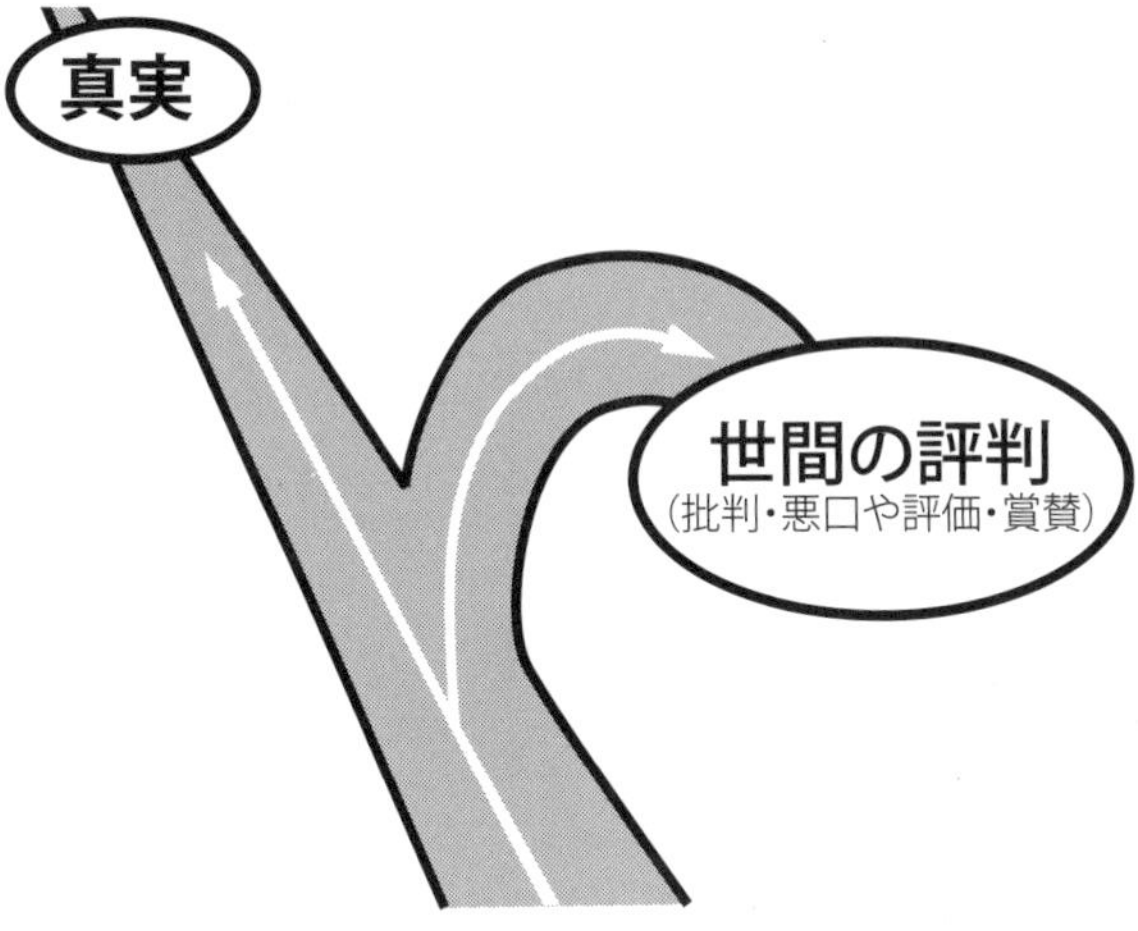
真実
世間の評判
(批判・悪口や評価・賞賛)

# 「草莽崛起」、在野の人たちの力を見くびるな

▼義卿《ぎけい》義を知る、時を待つの人に非《あら》ず。草莽崛起《そうもうくっき》、豈《あ》に他人の力を假《か》らんや。恐れながら天朝も幕府、吾《わ》が藩も入らぬ、只《た》だ六尺の微軀《びく》が入用。されど義卿豈《あ》に義に負《そむ》くの人ならんや。御安心御安心。

（安政六年四月頃　野村和作への手紙）

私、松陰は義を知る者である。時を待つだけの人間ではない。草莽崛起すべし、それ以外の他人の力など借りるものか。恐れながら天朝も幕府そしてわが藩もいらない。ただ六尺のこの体があればいいのだ。とは言うが、私は義にそむくような人間ではないからご安心、ご安心。

「草莽崛起」という言葉は松陰の言葉としてよく知られ、また今なお政治用語の一つとして各方面で使われている。よくも悪くも松陰の言葉には人を魅きつける魔力がある。

ここで、松陰が言いたいのは、今世の中を大きく変えないと日本という国が危ないのに、朝廷も幕府も藩も何をもたもたしているのだ、ということである。国を思う心が足ら

ず、自分たちの組織や自分の地位を守ることを優先しているだけではないか。だったら、もはや身分も地位もない在野の志ある人たちに力で立ち上がり、国を変えていこうではないか、ということである。

この手紙の宛名人は野村和作であり、伊藤博文と同じく足軽の身分であって士分ではなかった。

吉田松陰はもとより身分の高低とか士分、足軽、農民とかの区別はしない人であったのである。

野村和作は十六歳で松陰門下生となり、松陰を手助けし、松陰死後は討幕運動に命を賭けた。後に枢密院顧問、内大臣などを歴任している。

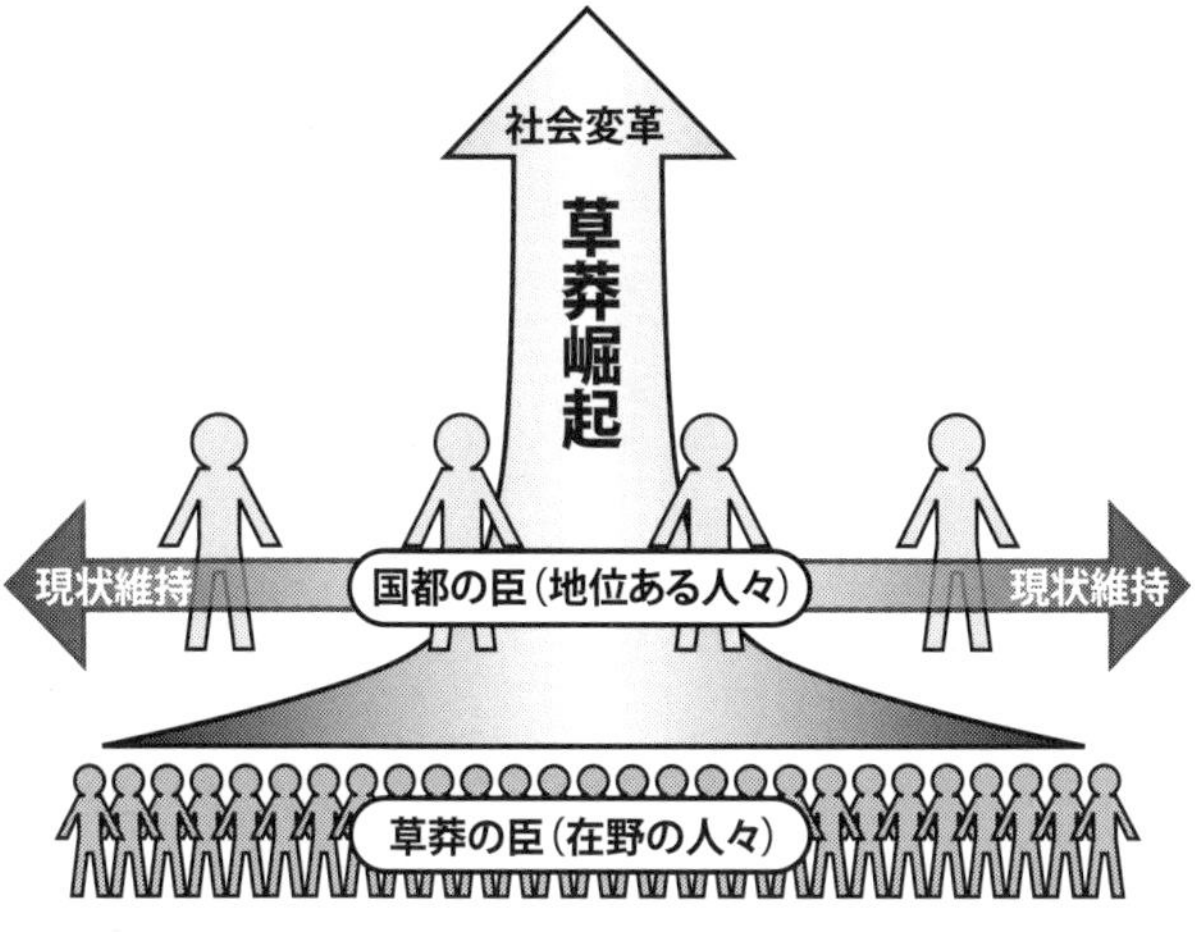

# 人の一生に短すぎる長すぎるということはない

▼今日死を決するの安心は四時《しじ》の順環において得る所あり。蓋《けだ》し彼《か》の禾稼《かか》を見るに、春種《しゅ》し、夏苗《びょう》し、秋苅《か》り、冬蔵《ぞう》す。秋冬に至れば人皆その歳功《さいこう》の成る悦《よろこ》び、酒を造り醴《れい》をつくり、村野歓声《そんやかんせい》あり。未《いま》だかつて西成《せいせい》に臨んで歳功の終るを哀《かな》しむものを聞かず。吾《わ》れ行年《こうねん》三十、一事成《ひとつことな》ることなくして死して禾稼の未だ秀《ひい》でず実《みの》らざるに似たれば惜しむべきに似たり。然《しか》れども義卿《ぎけい》の身に以て云へば、これまた秀実《しゅうじつ》の時なり、何ぞ必ずしも哀しまん。何となれば人寿《じんじゅ》は定りなし、禾稼の必ず四時を経《へ》る如《ごと》きに非《あら》ず。十歳にして死する者は十歳中自《おのずか》ら四時あり。二十は自らに二十の四時あり。三十は三十の四時あり。五十、百は自ら五十、百の四時あり。

（中略）

義卿三十、四時已《すで》に備《そな》はる、また秀で実る、その秕《しいな》たるとその粟《ぞく》たると吾が知る所に非ず。もし同志の士その微哀《びあい》を憐《あわれ》み継紹《けいしょう》の人あらば、すなわち後来《こうらい》の種子未だ絶えず、自ら禾稼の有年《ゆうねん》恥《は》ぢざるなり。同志それを考思《こうし》せよ。

（安政六年十月二十六日　留魂録）

今日死を決心・覚悟する心の平安は、四季の循環において考えるところがあったからである。すなわち、稲の耕作は、春に種をまき、夏に苗を植え、秋に刈り取り、冬に米を貯蔵する。秋・冬になると人は皆その年の収穫を喜び、酒を造り、甘酒をつくり、村中で歓声が聞かれる。いまだかつて秋の収穫時に耕作が終わることを悲しむことを聞いたことはない。

私は今年で三十歳となった。まだ一つの事も成すことができなく死ぬのは、稲がまだ花を咲かせず、実を結ばないのに似ているから、惜しいと言うかもしれない。しかし、この私の身について言うならば、これも花が咲き稲が穂を実らせるときである。どうして悲しむことがあろう。なぜならば人の寿命には定めがないからだ。十歳で死ぬ者は、その十歳の中におのずから四季があり、二十歳にはおのずから二十歳の四季があり、三十歳にはおのずから三十歳の四季がある。五十歳、百歳にもおのずから四季があるのだ。

（中略）

私は三十歳であり、四季はすでに備わった。また稲の花は咲き穂も実った。その穂は実のよく熟していないもみがらなのか、実のよく熟した米なのかは私の知るところではない。もし同志の士の中に、この私のまごころを憐れんで志を受け継いでくれる人があれば、まかれた種子が絶えることなく、次々と穂が実っていくことになり、私の稲の耕作すなわちこの生涯も恥ではないことになる。同志の人たちよ。そのことをよく考えてはくれないだろうか。

幕府による取調べによって、もはや死が間近に迫っていることを覚悟した松陰は、自らの生涯をふり返り、そして現在の心境を『留魂録』に書き残した。ここにある文章はその『留魂録』の一部であるが、死を前にしても一切乱れることなく、わが志を引きついでくれる者たちを信じ、その思いを見事に伝えている。

人の一生に短い、長いなんていうのはないのだ、という。わずか三十年のわが人生だったけれども、やるべきことはやってきた。人の一生も稲作における春夏秋冬で見ると、自分の人生はもはや秋となり穂として実った。あとは、冬となり死んでも種子を絶やすことなく、次々と育てていってくれ、と弟子たちに伝えている。

実際、この文章を読んだ弟子たちによって松陰の志、そして明治維新は実現されていったのである。

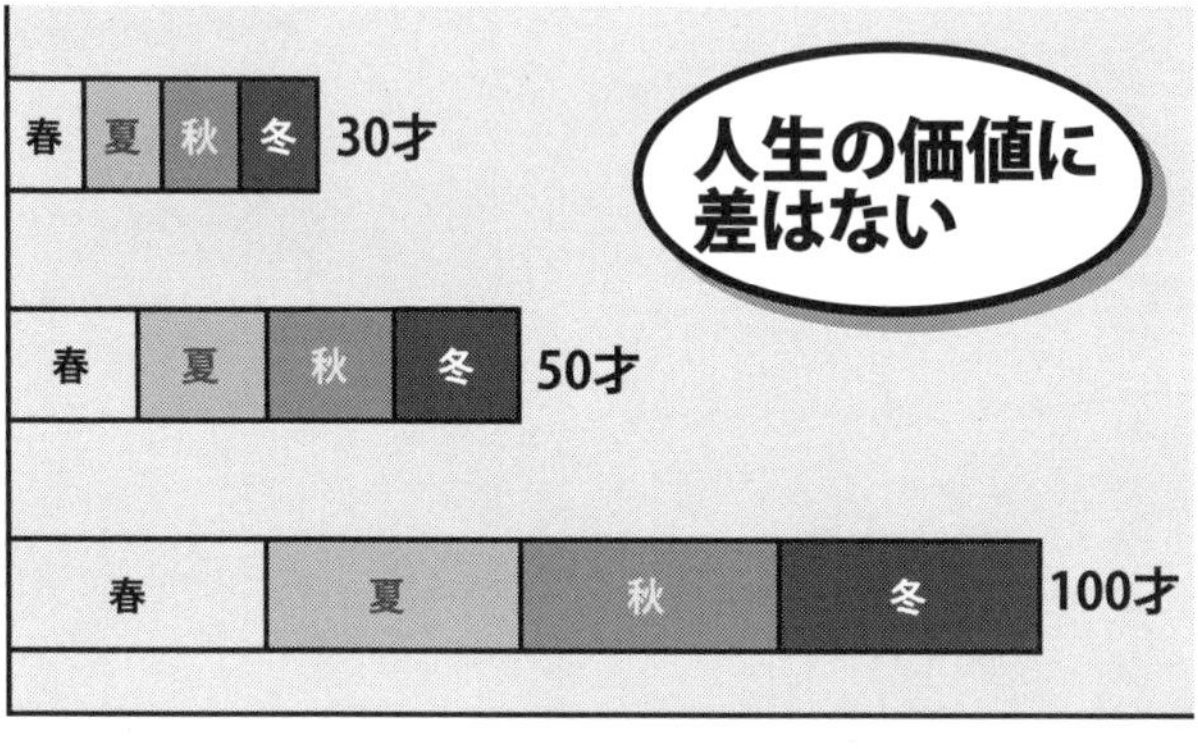

# 死んでもよき魂は残り、大事なものを守っていく

▼身はたとひ　武蔵《むさし》の野辺《のべ》に朽《く》ちぬとも　留《とど》め置かまし　大和魂《やまとだましい》

二十一回猛士

（安政六年十月二十六日　留魂録）

この身はたとえ武蔵野の野に朽ち果てようとも、わが大和魂は、永遠に留め置きて日本のために尽すのだ。

『留魂録』の冒頭に掲げられた有名な一首である。

死を覚悟し、その死を受け入れ、しかし、自分の志は、魂となって存在し、この日本という国を守り抜くのだという気概と大きな愛情を含んだ見事なものである。

なお「二十一回猛士」というのは、松陰の号であり、野山獄に入ったばかりのころに見た不思議な夢に由来している。

すなわち、夢の中に神様が現れて松陰に「二十一回猛士」と書かれた紙を渡したとい

うのである。松陰はそれを次のように解した。

自分の旧姓である杉を分解すると、へんは「十」と「八」、つくりは「三」であって、合計すると二十一となる。また、吉田の姓を分解すると、吉は「十」と「一」で、田は「十」と「口」であり、これを足せばやはり二十一となる。残る口を二つ合わせると回となる。また幼名は寅次郎であって、虎は「猛」の動物である。だから、二十一回猛士となるのである。少々こじつけだが、この号をもって松陰は自らを励まし、自分の人生に向けて二十一回は猛きことをやるのだとした。もちろんそのうちの一つには、ペリー艦隊への乗り込んでの米渡航失敗も含まれている。

# 44

# 人の価値は見かけにあるのではない

▼「西子《せいし》、不潔を蒙《こうむ》る」は、俊才博学《しゅんさいはくがく》にして美徳善行《びとくぜんこう》なき者の譬《たとえ》とすべし。「悪人斎戒沐浴《さいかいもくよく》する」は劣才陋学《れっさいろうがく》にして美徳善行のある者の譬とすべし。然《しか》らば則《すなわ》ち士に貴《たっと》ぶ所は、徳なり才に非《あら》ず。行なり学に非ず。（安政二年十一月十七日　講孟箚記）

「中国古代の美人として有名な西施でも、不潔なものを頭からかぶっていたら、人はみな鼻をつまんで通りすぎる」と孟子が述べているが、この「西施の不潔なものをかぶる」ということは、すぐれた才能もあり学識もあるのに、美徳善行が見られない者のたとえとすることができる。また、孟子に「どんな容貌の悪い者でも、斎戒沐浴して身を清め、まごころを持っていれば、天の神様もその声がまつるのをお受け入れなさる」というのがある。この「どんな容貌の悪い者でも身を清めまごころを持つ」とあるのは、才能も劣っていて、学識も大したことがなくても、美徳善行がある者のたとえとすることができる。このように士たるものの貴ぶべきところは徳であってその才能ではなく、行動であって学識ではないのだ。

松陰の生きた江戸時代は身分制の厳しい時代であった。上級武士たちは藩校に学ぶエリートとして教養を身につけ、身だしなみもよかったろう。しかし、松陰は、人の価値や貴ぶべきところは見せかけの才能や学識や身分なんかではないのだと説いたのである。

実際、その後の幕末・維新において中心となって活躍したのは、藩校などに通えない下級武士たちであった。特に松陰に学んだ松下村塾が中心となったのである。

なお、ここに登場する西子（西施）は、春秋時代末期（紀元前五世紀ごろ）に呉《ご》や越《えつ》の争いのとき、越王勾践《こうせん》の参謀であった范蠡《はんれい》の戦略で呉王夫差《ふさ》のもとにいき、夫差を骨抜きにしたほどの美女だとされている。

中国のことわざに「西施のひそみにならう」というのがある。それは西施が胸を病んでいて苦しんでしかめた顔が、美女のしぐさと思い込んでまねをする女がいて、むやみに人のまねをすることの愚かさのたとえとして使われるのである。

福沢諭吉は、『学問のすすめ』の後半でこの話を引きつつ、何でも西洋のものがよいと思い込んでまねをしている者の愚かさを指摘している。

話を戻すと、松陰自身、身なりやかっこうや地位、身分に少しも執着せず、ただ実践の人、徳の人であり、そうして人々を魅きつけてやまない人だったのである。

## 人が貴ぶべきこと

**才能・学識** ＜ **徳・実践**

すぐれた才能も学識もあるのに美徳・善行が行われない

才能も学識も劣っているが美徳・善行が行われている

45

# 学問は自分を磨き成長させるためにやるものである

▼人の師とならんこと欲すれば、学ぶ所己《おのれ》が為に非《あら》ず。博聞強記《はくぶんきょうき》、人の顧問に備《そなは》るのみ。而《しこう》して是《これ》学者の通患《つうかん》なり。吾輩《わがはい》もっとも自《みずか》ら戒《いまし》むべし。およそ学をなすの要は、己が為にするにあり。己が為にするは君子の学なり。人の為にするは小人の学なり。而《しこう》して己が為にするの学は、人の師をなることを好むに非ずして自ら人の師となるべし。人の為にするの学は。人の師とならんと欲すれども遂に師となるに足らず。君子の学なり。

（安政二年九月七日　講孟箚記）

人の師となりたいと思うと、学ぶことが自分を磨くためではなくなる。とても広い知識を身につけて人の顧問としてやとわれることしか考えなくなる。これが学問をする者の共通した欠陥なのである。そして私たちがもっとも戒めなくてはいけないことである。およそ学問をするということは、自分を磨き成長させるためである。これが君子（めざしているところの立派な人格者）の学であり、人の師や顧問となることをめざすのは小人（つまらぬ人間）の学である。そして自分を磨き高める学問をしている人は、人の師となることを別に好んでいるわけではないのだが、自然と他人から慕われて師となるのである。逆に人の師になりたいと思って学問をする人は、それを望むものの、師となるだけのものが結局身につかないのである。

学問をすることの真の目的は何か。

それは、自分を磨き成長させるためである。そして、社会に役立つ人間となるためである。

しかし、学問をする人の多くは、自らを売り込み、肩書きや高い報酬を得ようとしているのが実情である。これでは、学問の目的を逸脱し、単なる処世の術策にすぎないことになると松陰は言うのである。

こうして、たとえ人の師になったり、学校の教授となったりしても、教わる者にとって決してすばらしい師とか先生というわけでないだろう。

逆に、人の師や顧問となろうなど考えることはなく、自分を磨き、高めるために学問をしつづけ、自ら実践している人には、放っておいても人は慕ってくるのである。

吉田松陰自身、藩の軍学教授の職になるため幼い時から厳しく育てられた。十一歳よりその職についたが、その地位にしがみつくようなことは考えずに、さらに自らを高め、成長させるために脱藩し、また野山獄の囚われの身ともなった。

しかし、犯罪人という境遇にありながらも、志ある人たちが松陰を師として仰ぎ、松下村塾に学び、あるいはその後も獄中の松陰に学んだのである。

**学問の真の目的**

人の師や顧問となるため ×

自分を磨き成長させるため ◎

# 46

# 初めの信念を正しく持て

▼人は初一念《はついちねん》が大切なる者にて、どこまでも付廻《つきまわ》りて、政事に至りては其《そ》の害最《もっと》も著《あらわ》るるなり。今、学問を為す者の初一念の種々《しゅじゅ》あり。就中《なかんずく》誠心道《みち》を求むるは上《じょう》なり。名利《みょうり》の為にするは下《げ》なり。故《ゆえ》に初一念、名利の為に初めたる学問は、進めば進む程其の弊著《へいあらわ》れ、博学宏詞《はくがくこうし》を以《もっ》て是《これ》を粉飾すと云《い》へども、遂に是《これ》を掩《おお》ふこと能《あた》はず。大事に臨み進退拠《よりどこ》ろを失ひ、節義を欠き勢利《せいり》に屈し、醜態《しゅうたい》云《い》ふに忍びざるに至る。

（安政二年八月二十六日　講孟箚記）

人は初一念、すなわち初めの信念が大切である。これはその人の一生どこまでもついてまわるものだから、それがもし政治の上に現れるとすると、その弊害は最も顕著なものとなる。今また学問をする者の初一念について見てもいろいろなものがあるが、その中でも、誠心誠意に道を求めようとする者は上であり、自分の名誉や利益を得ようと思ってする者は下である。したがって名誉や利益を得たいという初一念で始めた学問というのは、それが進めば進むほどに、その弊害が大きく現れてしまい、それをいかに広い学識や大そうな文章でこれを飾っても、とても隠すことなどできない。そして大事な時において自分自身の進退のよりどころを失い、節義を欠いて、権勢や利益を目の前にして屈してしまい、その醜態たるや口にするのも忍びないほどに至ってしまうのである。

何をやろうと、その動機や目的が大事である。

動機が善、すなわち人のため、社会のためにというのであれば、それに必要なものが求められ、身についていく。反対に動機が自分の利益、私欲のためであるならば、それに奉仕する知恵や人が集まり、身についていくだろう。

だから松陰は政治をする者、学問をする者は、初めの信念を正しく持たないと大変な弊害を世の中に与えてしまうことになると注意するのである。

自分の名誉や利益を中心にする政治家は国を売ってしまう仕事をする恐れもある。または将来の国民に重荷を背負わせてしまうことにもなる。

学者も国民の幸福のために学問をすべきなのに、自分の名誉や利益のために学問を始めたならば、それに学んだ人たちを誤った方向に導いていくことになる。

# 人心が正しく一致しない国は滅びていく

▼群夷競《ぐんいきそ》ひ来る、国家の大事とは云《い》へども、深憂《しんゆう》とするに足らず深憂とすべきは人心《じんしん》の正しからざるなり。苟《いやしく》も人心だに正しければ、百死以《もっ》て国を守る。其《そ》の間、勝利利鈍《りどん》ありといへども、未《いま》だ遽《にわか》に国家を失うに至らず。苟も人心先《ま》づ不正ならば、一戦を待たずして国を挙げて夷に従ふに至るべし。

（安政二年八月二十六日　講孟箚記）

今、諸外国が競ってわが国に来て手を出そうとしているのは、国家の大問題だと言えよう。しかし、それは深く憂うことではない。深く憂うべきことは、人心が正しくないということである。もし人心さえ正しかったならば、すべての人が命をなげうってでも国を守ろうとするだろう。その間、勝ち負けや出来、不出来はあったとしても、すぐ国が滅ぶということはない。しかし、もし人心がそもそも正しくないなら、戦う前から国中が外国に服従するに至るであろう。

産業革命によって軍備の近代化と市場の拡大を求めてアジア、アフリカを植民地化していった欧米諸国だが、その強さの秘密は〝ネーション・ステイト（国民国家）〟をつくりあげたことによる。つまり愛国心にもとづく国民意識である。

この国民意識というものはアジアに発達せず、日本でも江戸時代まで徳川家のためにという考え方が強かった。これでは国民意識もないし軍隊も弱い（単なる私兵のようなものだから）。

日本人に国民意識を持たせることができたのは、吉田松陰の存在が大きかった。天皇の下に日本国民は一体とならねばならないのだという考え方を示し、それにもとづいて明治維新が推進され、明治国家が誕生した。そして学校教育において、神話時代からの万世一系の天皇を中心とした歴史教育が行われ、国民意識はさらに高まった。そして軍隊も欧米にならび追い越すほどの強さを持つようになっていった。

第二次大戦後、この日本の強さを知ったアメリカ占領軍は、日本の歴史をすべて否定してしまう教育に切り替えさせた。そして、それは今にもつづいている。日本人から国民意識が喪失していき、人心はまとまらず、国家は弱体化していくのみとなった。

松陰が鋭く指摘するように、日本はこのまま「人心がそもそも正しくないなら、戦う前から国中が外国に服従する」ような国になっていくしかないのであろうか。

48

# 読書においては精読、筆記が重要である

▼書を読む者は其《そ》の精力の半《なか》ばを筆記に費《ついや》すべし。

（松下村塾での松陰の教え）

本を読む者は、その精力の半ばを（かなりの精力を）筆記（書き抜き）に費やすべきである。

松陰は読書の効用をいたるところで説いている。人は書物に学んで、人に交わり教わって、社会でそれを実践しつつ自分をつくっていくからである。

では、その松陰の読書法はどうであったかというと、松下村塾の塾生たちに述べているように、重要な箇所を書き抜いていきながら読むというものだった。当然、読書法としては、良書を選んで、熟読、精読しつつということになる。

現代においては、溢れんばかりの本が出ているため、速読をすすめる人、また実践している人もある。それも時には有用なこともあろうが、やはり読書の基本は熟読、精読、そして書き抜きである。

本の中から、学ぶべきところ、覚えておきたいところ、何度も読みたいところを書き抜くことは、一つは著者と一体となって考えられることと、自分の思いを練ることとの二つの利点がある。さらに付け加えるならば、自分自身が文章を書くにあたっての大きな力となってくれるのである。

松陰の文章の強い説得力は、この筆記（書き抜き）読書法にも負うところが大きかったと思われる。

## 筆記（抜き書き）の効用

① 著者と一体になって考えられる

② 自分の思いを練ることができる

③ 文章を書く力が増す

# 真の武士道を身につけよ

▼先《ま》ず士道と云《い》ふは、無礼無法《ぶれいむほう》、粗暴狂悖《きょうはい》の偏武《へんぶ》にても済《す》まず、記誦詞章《きしょうししょう》、浮華《ふか》文柔《ぶんじゅう》の偏文《へんぶん》にても済まず、真武真文《しんぶしんぶん》を学び、身を修め心を正しうして、国を治め天下を平らかにすること、是《こ》れ士道なり。（安政三年八月　武教全書講録　武教小学序）

士道とは、無礼で無法、そして粗暴で道義に反したおかしなふるまいをするような武に偏ることではなく、また文章や詩を覚えたり、華やかだが中味のない文に偏るのでもない。真の武と真の文を学び、それによって身を修め心を正しくして、よって国を治め天下を平和にすること。これが士道なのである。

真の武士道とは何かを見事に表現している文章である。
新渡戸稲造『武士道』もほぼ、このような結論を述べようとしているといえよう。
武士は真の武と真の文を学んで、自分を修めて天下国家を平和にしていくために実践していくというものである。

武とは、強さを誇り争いを好むものではない。平和を乱す者、他人を傷つける者を勇気を持って守ることである。文とは、自分を自慢するため、名誉を得るためのものではない。世の中を豊かに、人々を幸せにしていくための学問なのである。

この真の文武両道は現代においても変わらぬ、めざすべき生き方であろう。

**真の武士道とは**

**真の武と文を学ぶことによって
身を修め、心を正しくする**

▼ そのことによって

**国を治め、天下を平和にしていく
ことに貢献する**

# 正しい生き方（道）を知るために、死ぬまで学びつづけよ

▼およそ学問の道「死して後《のち》に已《や》む」。もし未《いま》だ死せずして半途《はんと》にして先《ま》づ廃すれば、前功皆棄《ぜんこうみなす》つる者なり、学と云《い》ふ者は、進まざれば必ず退く。故《ゆえ》に日に進み、月に漸《すす》み、遂《つい》に死すとも悔《く》ゆることなくして、始めて学と云ふべし。

（中略）

「学記」にも「学びて然《しか》る後にその足らざるを知る」と云へり。学べば学ぶ程、ますます高く、ますます堅《かた》きの味を知るなり。然《しか》れども井《い》を掘るは水を得るが為なり。学を講ずるは道を得るが為なり。水を得ざれば、掘ること深しと云へども、井とするに足らず。道を得ざれば、講ずること勤むと云へども、学とするに足らず。因《よ》りて知る、井は水の多少に在りて、掘るの浅深《せんしん》に在らず。学は道の得否《とくひ》に在りて、勤むるの厚薄《こうはく》に在らざることを。

（安政三年五月二十三日　講孟箚記）

およそ学問の道は「死ぬまで続けるべきもの」である。もしまだ死なないうちに途中でやめることは、今までの得た学問の功績をすべて棄てるものである。学問というのは、進まなければ必ず退くものである。したがって、日に進み、月に進み、そしてついに死んで後悔しないことで始めて学問と言えるのだ。

(中略)

『礼記』の「学記篇」にも、「学んではじめて自分の力の足らないところがわかる」とある。学べば学ぶほど学問というのはますます高く、ますます堅いという意味がわかるのである。しかし、井戸を掘るのは水を得るためであり、学問をするのは道を得るためである。水が得られなければどんなに深く掘っても井戸とは言えないだろう。同じように、道が得られなければどんなに学問に勤めても学問というには足りないのである。したがって井戸は湧き出る水の多いか少ないかが重要であって、掘ることが浅いか深いかは問題ではない。同じく、学問は道が得られたか否かが重要であって、勤めたことが厚いか薄いかは問題ではないのである。

まず学問、勉強というものは、死ぬまで続けるべきものである。途中でやめるということは、それまでのものを捨ててしまうのと同じようなものだ。それほど正しい道、正しい生き方を身につけることは難しいのである。

学問、勉強というのは進めば進むほど、自分の至らなさがさらに見えてくるものであることもわかるであろう。

ただ、学問、勉強において重要なのは、どれだけ時間をかけたということではないことに注意しなくてはいけない。あくまでどれだけ正しい道、正しい生き方をできるようになったかが最も大切なのである。

なお、論語の中に有名な「朝《あした》に道を聞けば、夕《ゆうべ》に死すとも可なり」（里仁第四）という言葉がある。朝に人の生きていくうえでの正しい道がわかったなら、夕方に死んでも思い残すことはない、ということである。松陰の言葉と合わせて覚えておきたい。

## ●学問は死ぬまで続けるべきもの●

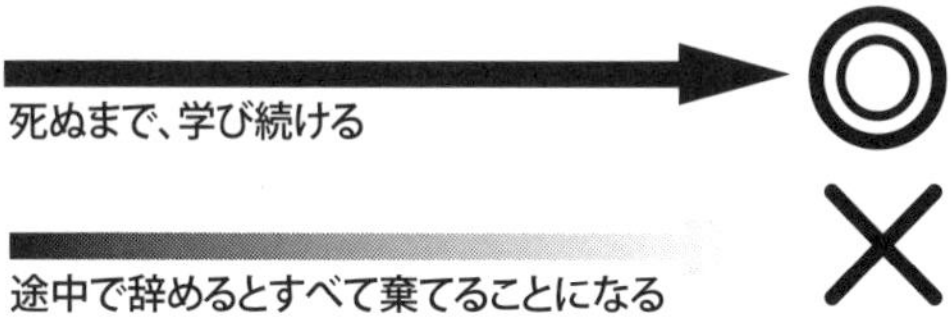
死ぬまで、学び続ける
途中で辞めるとすべて棄てることになる

**どれだけ時間をかけたか**
ではなく、
**どれだけ正しい生き方ができるようになったか**
が重要

51

# 人にはそれぞれに価値と才能がある

▼天下才なきに非《あら》ず。用ふる人なきのみ。哀《かな》しいかな。

（安政二年七月十四日　小田伊之助への手紙）

天下に才能ある人がいないというのではない。これを用いる人がいないためにわからないだけである。何とかなしいことではないか。

松陰のここでの言葉の意味は、私たちにとってとても重いものである。たとえば子を持つ親にとって、人の上に立つべきリーダーにとって、人を教える立場の者、学校の先生などにとって、さらには企業の経営者たちにとって。

松陰は獄中において絶望的な囚人たちを甦らせた。囚人たちのそれぞれの価値、才能を引き出した。

教育（Education）とは個性を、才能を引き出し、育てるということである。この子には、この人には必ず何かしら役に立つべき才能があると信じ、それを見出し、伸ばし、活用させるという、教育者としての最高のお手本を松陰は示してくれた。

私たちも、それに一歩でも二歩でも近づくように努力していかなくてはいけないのである。

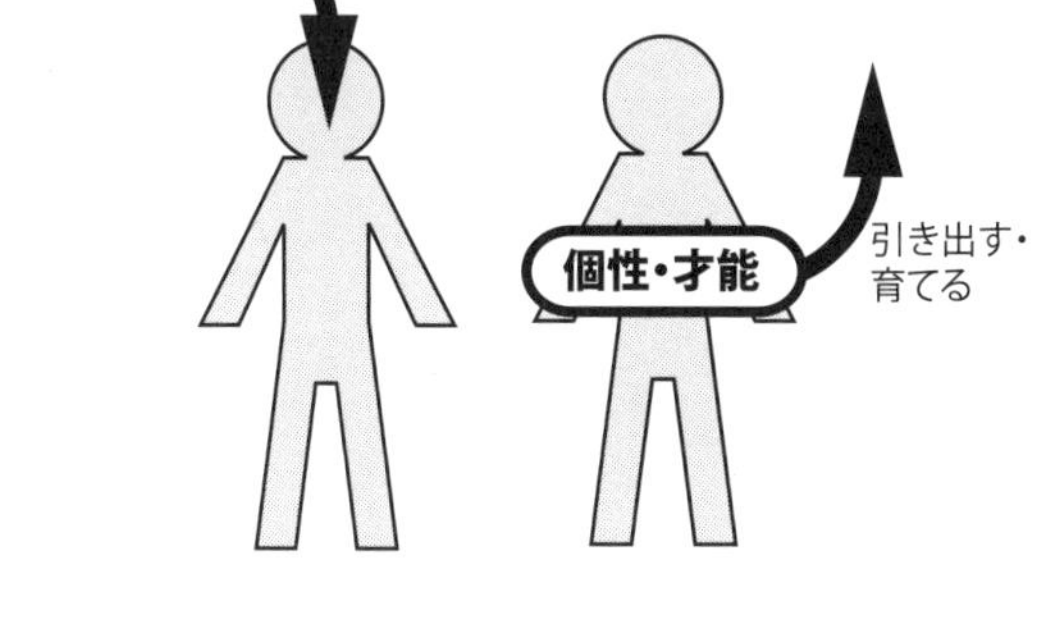

# 大将・リーダーは決断力を持て

▼大将は心定まらずして叶《かな》はず、若《も》し大将の一心《いっしん》うかうかする時は、其《そ》の下の諸将何程《なにほど》知勇ありても、知勇を施《ほどこ》すこと能《あた》はず、百万の剛兵ありと雖《いえど》も、剛義を施《ほどこ》すこと能はず。

（嘉永二年八月　武教全書講章）

大将は心を定めて決断しなくてはならない。もし大将が心を決断できずうかうかしていると、その下の諸将たちにどれだけの知恵と勇気があっても何も実現できないことになる。いくら百万の剛兵があったとしても、これを生かして勝つこともできないのである。

戦いの原則は、兵力の差で決まるというものである。『孫子』の中にも「算多きは勝ち、算少なきは勝たず」とある。つまり自国と敵国の計算をしたとき、数字が多ければ自国は勝ち、数字が少なければ自国は負ける、ということである。

しかし、これには前提がある。それはトップの正しい決断力があるということだ。

たとえば幕末の官軍と幕府軍の戦いでは、官軍が大将たる西郷隆盛のすぐれた決断力によって、より兵力の大きい幕府軍を敗ったのである。幕府軍は、将軍が軍艦に逃げ込み、決断力のある大将も存在しなかった。

『孫子』にも「善く兵を用うる者は、道を修めて法を保つ。ゆえに能く勝敗の政を為す」とある。すなわち「戦いの上手な大将は、人心を一体にするようにし、軍の法制、規律をよく守らせる。だから思うように勝敗を決することができるのである」ということである。

**戦いに勝つ鉄則**

**トップの正しい決断力**

**＋**

**数字が敵にまさっている**

# ふだんの話し方にも気をつけよ。明るくにこやかに、そして品よく控えめに

▼平時蝶々《へいじちょうちょう》たるは、事に臨《のぞ》んで必ず唖《あ》。平時炎々《えんえん》たるは事に臨んで必ず滅す。

（中略）

平時は大抵《たいてい》用事の外《ほか》一言せず、一言する時は必ず温全和気婦人好女《おんぜんわきふじんこうじょ》の如《ごと》し。これが気魄《きはく》の源《みなもと》なり。慎言謹行卑限低声《しんげんきんこうひげんていせい》になくては大気魄は出るものに非ず。

（安政六年二月下旬　諸友あての手紙）

ふだんうるさくしゃべっているような者は、大事な時が来ると黙り込んでしまう。ふだん大きなことを言って騒いでいる者は、大事な時になると何もできずにいなくなってしまうものだ。

（中略）

何もない日常では、ほとんど用事のあることしか話さず、話す時も明るくにこやかに、そして品のある好ましい女性のような話し方がいい。これが気魄の源となるのである。ふだんは言動に慎しみ、謙虚で

控えめな話し方をする人でなくては、大事な時の大気魄は出てくるものではない。

松陰は自らも気魄の源としているように、ふだんは言動に慎み、謙虚で控えめな話し方をするのを日常の姿勢とした。明るくにこやかに、品のある好ましい女性のような話し方を理想とした。日ごろうるさいのは大事な時には役に立たないとまで言っている。

しかし、ここぞという時の松陰の気魄は凄かった。明治の名著の一つ徳富蘇峰『吉田松陰』（岩波文庫）に次のような記述があるので紹介しておきたい。

彼は造化児の手に成りたる精神的爆裂弾なり。一たび物に触着すれば、轟然として火星を飛ばす。この時においては物もまた砕け、彼もまた砕く。彼の全体は燃質にして組織せられたり、火気に接すればたちまち焔となる、その焔となるや鉄も鎔《とか》すなり、金も鎔すなり、石も鎔すなり、瓦も鎔すなり。彼の人に接するや全心を挙げて接す、彼の人を愛するや全力を挙げて愛す。彼は往々インスピレーションのために、精神的高潮に上る。而《しこう》してこれを以て他に接し、他を導いてこの高潮に達せしむ。

# すぐれた人物に会い、そして史跡を旅せよ

▼おおよそ士君子の事を成すは、士気《しき》如何《いかん》に在るのみ。志を立つるは奇傑非常《きけつひじょう》の士に交はるに在り。気を養ふは、名山大川《めいざんたいせん》を跋渉《ばっしょう》するに在り。

（安政五年正月二十三日　児玉士常の九国、四国に遊ぶを送る敍）

およそ士君子（道に志した立派な人格者）が世の中で大事を成し遂げるには、志気がどれほど大きいかだけによる。その志を立てるには、特にすぐれた、めったにいないほどの人物と会うことが必要であるし、気を養うには、歴史に登場する有名な土地を旅することが必要なのである。

ここでは、松陰が自らの士気を高め、気を養うために行ってきた方法を述べているが、何も、これは松陰だけのことではあるまい。人が大きく育ち、大きな役割を果たすための王道であろう。

その一つが優れた人物に会って、わが志をさらに大きなものにしていくことである。日常の読書や勉学で基礎をつくり、人に出会うことでさらに自分を大きくつくりあげていくのである、松陰も長崎や江戸に出かけていっては人に学んだ。

もう一つは、旅である。松陰も旅をするごとに変化成長した。よく学び志を立てた者が歴史に登場する土地を旅するとき、必ず何かを感化され、精神を吹き込まれる。旅した者にしかわからない事実である。

単に机上の学問だけでは真の人物はできあがらないのである。

# 死ぬまでやり抜く覚悟が人を強くする

▼死而後已（死して後已《のちや》む）の四字は言簡《げんかん》にして義広《ぎ》し。堅忍果沢《けんにんかたく》、確乎《かくこ》として抜くべからざるものは、是れを舎《お》きて術《すべ》なきなり。

（安政二年三月「士規七則」）

「死而後已（死ぬまでやり抜く）」の四文字は簡潔ではあるが、意味には広いものがある。意志は堅く、忍耐強く、勇敢で、決断力があり、そしてどっしりしていてだめにならない人物になるにはこうでなくてはならないのだ。

「死而後已」（死して後已む）の四文字は論語の中の有名な言葉の一つである。

次のような文章である。

「曾子《そうし》曰く、士は以て弘毅《こうき》ならざるべからず。任重くして道遠し。仁以《もっ》て己《おの》が任と為す。亦《ま》た重からずや。死して後已む。亦た遠からずや」（泰伯第八）。

訳すると、「曾子は言った。士、すなわち仁の道を志す者は広く包容する力と強い意志を持たなくてはいけない。仁を追求するという重い任務を負い、そしてその道ははるかに遠いからである。この重い任務は死ぬまで続くのである。何と遠い道であることだろうか」。

徳川家康の有名な遺訓の一つに「人の一生は重き荷を負ひて遠き道を行くが如し。急ぐべからず」というのがあるが、これも、この論語の教えからきている。

松陰も「死ぬまでやり抜く」ことを日々覚悟することが人の意思を堅くし、忍耐強くし、勇敢にし、決断力をつけ、どっしりとした強い人間としていくと述べている。